Karl & Florian Neef

Kekse, Plätzchen & Gebäckdesserts

Konditorrezepte zum Selbermachen

Impressum

ISBN 978-3-7750-0582-1
© 2010 Walter Hädecke Verlag, Weil der Stadt
www.haedecke-verlag.de
4 3 2 1 | 2013 2012 2011 2010

Lektorat: Monika Graff
Gesamtgestaltung: Julia Graff, Design & Produktion, Stuttgart
Foodfotos: Chris Meier BFF, Stuttgart
Porträtfoto: Dirk Messberger, Nürnberg
Stepabbildungen Seite 5: Bruno Hausch, Ascona
Satz & Reproduktion: Lithotronic Media GmbH, Dreieich

Druck: Offizin Andersen Nexö GmbH, Leipzig
Printed in Germany 2010

Gesetzt aus der Otari, Helvetica Thin Extended und Altemus Bursts (Ornamente)

Mengen, Abkürzungen und Temperaturangaben

TL ❋ Teelöffel	**EL** ❋ Esslöffel	**Msp** ❋ Messerspitze
Trp. ❋ Tropfen	**cl** ❋ Zentiliter (1 / 100 Liter)	**ml** ❋ Milliliter (1 / 1000 Liter)
l ❋ Liter	**g** ❋ Gramm	**kg** ❋ Kilogramm
cm ❋ Zentimeter	**geh.** ❋ gehäuft	**ca.** ❋ circa
ø ❋ Durchmesser		

Die Temperaturangaben beziehen sich auf die Zubereitung in einem normalen Elektroofen mit Ober- und Unterhitze, soweit nicht anders angegeben.

 Inhalt

Vorwort

Liebe Hobbykonditorinnen, liebe Hobbykonditoren,

nach längerer Zeit greife ich wieder zur Feder – dieses Mal, um ein paar typisch fränkische Rezepte aus unserer Backstube und Rezepte, die auf die Groß- und Urgroßmutter zurückgehen, wie auch einige neue Überraschungen niederzuschreiben. Ob Plätzchen, Kekse, Gutsle oder Feingebäck – gemeint ist immer etwas Gutes zum Naschen, das Sie rund um das Jahr genießen können.

Anlass, dieses Buch zu schreiben, gab in gewisser Weise mein Sohn Florian, der nach erfolgreicher Konditormeisterprüfung als Geschäftsführer in unserem Haus arbeitet. „Cool" wie die jungen Leute sind, erklärte er mir im Vorbeigehen: „Wenn du noch einmal ein Rezeptbuch schreibst, reserviere für mich ca. 20 Seiten." Nun ist es so weit: Mit väterlichem Stolz darf ich Ihnen unser erstes gemeinsames Buch präsentieren. „Gebäck-Desserts" sind die Idee meines Sohnes. Jeder weiß, dass ein schönes Dessert nach einem guten Essen der gelungene Abschluss ist, manchmal sogar der Höhepunkt sein kann.

Desserts sind aber oft noch einmal richtig Stress für den Einladenden. Den wollen wir nach Möglichkeit vermeiden, daher können einige Arbeitsgänge bereits am Vortag abgeschlossen werden. Die Rezepte sind bei den Tipps entsprechend gekennzeichnet. Die restliche Zubereitung sollte am selben Tag erfolgen, wobei manches Gebackene wie z. B. Gugelhupf, Kuchen usw. ohne Weiteres früher am Tag hergestellt werden kann.
Wichtig für Desserts wie auch für unsere Plätzchen ist es, nur gute, sprich: edle Zutaten zu verwenden. Hochwertige und frische Zutaten lohnen sich immer, denn Ihnen und uns geht es um den Genuss!

Bei den Dessertrezepten ist die ungefähre Personenzahl aufgeführt, für die diese Menge ausreichend ist. Sollten Sie ein bis zwei Gäste mehr haben, reicht die Menge bei entsprechender Aufteilung gut aus. American Cheesecake, Nürnberger Lebkuchenstrudel und der gefüllten Pralinentorte ergeben mehr Stücke, die am nächsten Tag ohne Früchte, Sauce oder Sabayon zu einem Espresso oder einer guten Tasse Kaffee oder Tee eine Köstlichkeit sind.

Wir wünschen Ihnen viel Freude bei der Arbeit, gehen Sie locker an die Rezepte heran, variieren Sie nach Ihren Wünschen und genießen Sie. Denn wer genießen kann, hat eines der wichtigsten Geheimnisse des Lebens entdeckt!

Ihr Karl Neef

Tipps und Hinweise

Die Rezepte sind nach **Teiggruppen** sortiert: Sandmasse, Butter-Mürbeteig, Gebäck mit Eiweiß und Nüssen, dann folgen Trüffeln und zum Schluss die Desserts. Diese Einteilung hat praktische Vorteile, wenn Sie aus einem Grundteig mehrere verschiedene Plätzchen machen möchten.

Bei Mürbeteig zum Beispiel zählen Sie einfach die Zutatenmengen für die einzelnen Rezepte zusammen und bereiten den Basisteig zu. In Folie eingeschlagen kann er problemlos bis zu acht Tage im Kühlschrank aufgehoben werden.

Bei den anderen Teiggruppen sollte die Grundmasse jedoch am selben Tag gebacken werden. Füllen, zusammensetzen, glasieren oder überziehen können Sie dann am nächsten Tag.

Die in den Rezepten verwendeten **Eier** sind Güteklasse A, Größe M. Beim verwendeten **Mehl** handelt es sich um Weizenmehl, Mehltype 550.

Glasieren mit **Fondant** ist einfach. Die warme Fondantglasur mit einem Pinsel auf die Plätzchen streichen oder diese in den Fondant tauchen. Von Vorteil ist es, jedes Gebäckstück, das mit Fondant überzogen bzw. glasiert wird, vorher mit heißer Aprikosenkonfitüre zu bestreichen. Dadurch bleibt die Feuchtigkeit im Fondant und dieser glänzt schön.

Die **Kuvertüre** muss zum Verarbeiten die richtige Temperatur haben: sie muss auf 36 °C temperiert werden. Dazu ⅔ der kleingeschnittenen Kuvertüre in einem Kessel im Wasserbad auflösen ❶. Das letzte Drittel langsam unter Rühren hinzufügen und den Topf aus dem Wasserbad nehmen ❷. Die Kuvertüre darf sich weder kalt noch warm anfühlen, sie muss Bluttemperatur haben, dann ist sie richtig „temperiert" und glänzt in abgekühltem Zustand auf dem Gebäckstück wunderschön. Den Temperaturtest am Besten mit der Oberseite des Zeigefingers machen ❸. Eine Mengenangabe bei den Rezepten mit Kuvertüreüberzug ist nicht nötig, da Sie ohnehin immer ausreichend Kuvertüre auflösen müssen, um die Plätzchen entsprechend überziehen zu können.

Wird ein Gebäckstück mit Kuvertüre überzogen, so darf dies nicht zu warm sein. Wichtig ist, die aufgelöste Kuvertüre nie komplett in eine Masse bzw. Creme oder Sahne zu gießen und umzurühren, sondern ein oder zwei Teigschaber davon in die Kuvertüre zu geben, glattzurühren und die restliche Masse nach und nach zuzugeben und unterzuheben. Darauf achten, dass beim Erwärmen kein Wasser in die Kuvertüre gelangt, denn sonst gerinnt sie.

Die **übrige Kuvertüre** hält sich über viele Monate an einem kühlen Ort. Den noch flüssigen Kuvertürenrest einfach in eine Plastikschüssel gießen und später wieder weiter verwenden. Oder Sie nehmen Ihre Lieblingsnuss, Haselnüsse oder geschälte Mandeln, geben diese auf Ihr Backblech und rösten sie. Nach dem völligen Auskühlen die Nüsse oder Mandeln in die temperierte Kuvertüre schütten, nach Geschmack Sultaninen dazugeben, umrühren, auf ein Backtrennpapier gießen, das in einem Backblech ausgebreitet ist, und kühl stellen. Nach dem Erkalten in kleine Stücke brechen und als kleine Näscherei reichen.

Ingwerstängel

ca. 50 g	frischer Ingwer
375 g	Butter, zimmerwarm
160 g	Puderzucker, durchgesiebt
3	Eigelbe
500 g	Mehl

Dekoration

ca. 60	kandierte Inwerstängel
150 g	Bitterkuvertüre

✳ Frischen Ingwer schälen und auf der Glasreibe reiben. Eine exakte Gewichtsangabe ist nicht möglich, da es reine Geschmackssache ist, weniger oder mehr Ingwer zu nehmen und der Ingwer auch unterschiedlich scharf sein kann.

✳ Butter mit Puderzucker in einer Schüssel leicht schaumig rühren. Sofort den geriebenen Ingwer hinzufügen, da er in geriebenem Zustand schnell seine Farbe verändert. Eigelbe abwechselnd mit Mehl langsam unterrühren; keinesfalls mehr schaumig schlagen, sonst wird die Masse zu zäh. Die glattgerührte Masse probieren und bei Bedarf noch etwas Ingwer zugeben.

✳ Masse in einen Spritzbeutel (Lochtülle Nr. 8) füllen und kleine Stängel von ca. 4,5 – 5 cm Länge auf ein mit Back-trennpapier ausgelegtes Blech spritzen. Je einen kandierten Ingwerstängel halbieren, links und rechts oben auf das Gebäck legen und leicht andrücken.

✳ Das Gebäck auf der mittleren Schiene in den vorgeheizten Backofen schieben und ganz zart backen. Der Teig darf nur leicht hellbraun sein.

✳ Dunkle Kuvertüre temperieren (36 °C) und die abge-kühlten Stängel bis zur Hälfte in die Kuvertüre tauchen.

1 Pfeffernüsse, Rezept Seite 14
2 Ingwerstängel, Rezept Seite 9
3 Mohnrosetten, Rezept Seite 12
4 Nougattaler, Rezept Seite 13
5 Schokoladenbohnen, Rezept Seite 15

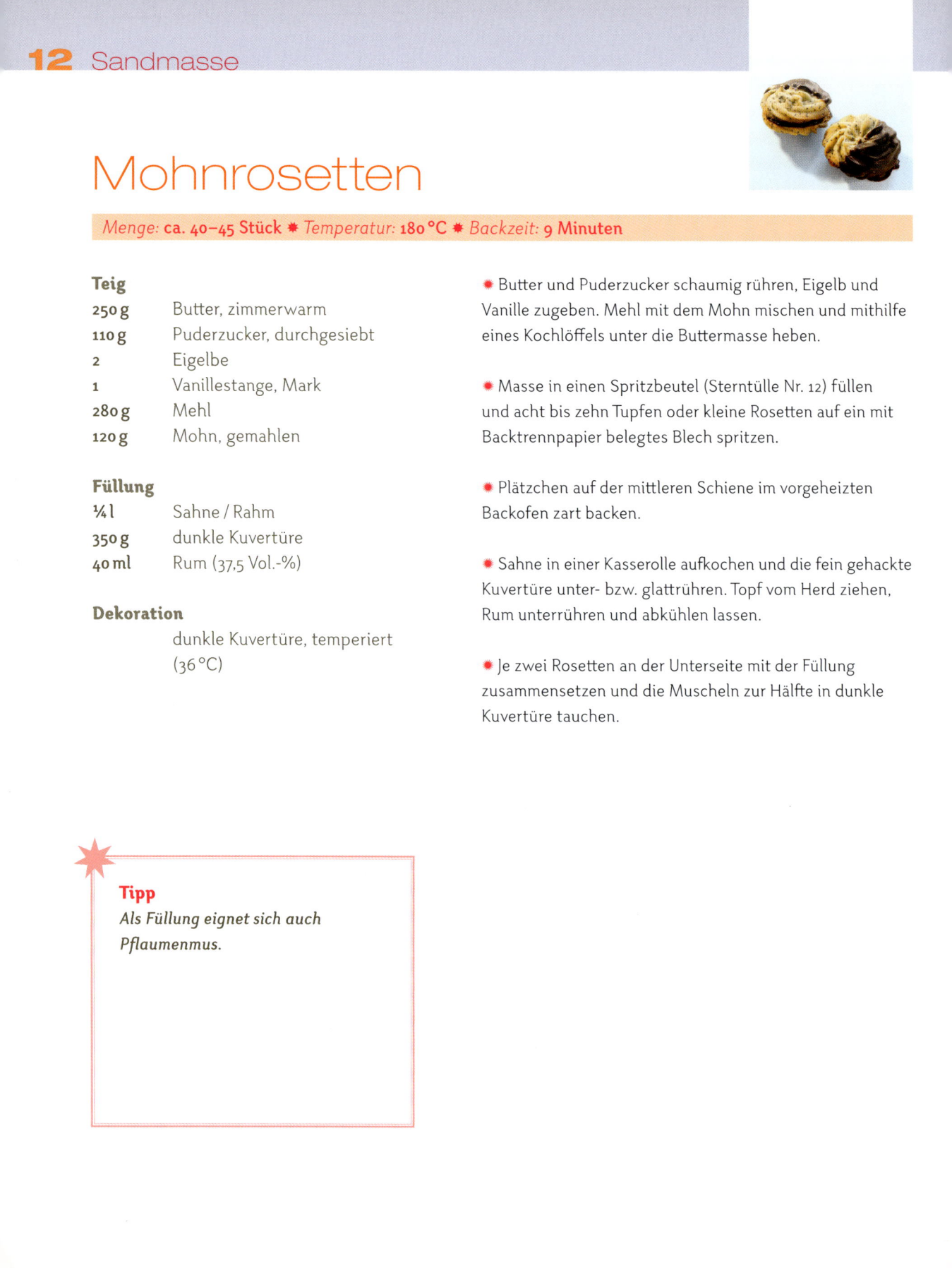

Mohnrosetten

Menge: ca. 40–45 Stück ✳ *Temperatur:* **180 °C** ✳ *Backzeit:* **9 Minuten**

Teig

250 g	Butter, zimmerwarm
110 g	Puderzucker, durchgesiebt
2	Eigelbe
1	Vanillestange, Mark
280 g	Mehl
120 g	Mohn, gemahlen

Füllung

¼ l	Sahne / Rahm
350 g	dunkle Kuvertüre
40 ml	Rum (37,5 Vol.-%)

Dekoration

dunkle Kuvertüre, temperiert (36 °C)

✳ Butter und Puderzucker schaumig rühren, Eigelb und Vanille zugeben. Mehl mit dem Mohn mischen und mithilfe eines Kochlöffels unter die Buttermasse heben.

✳ Masse in einen Spritzbeutel (Sterntülle Nr. 12) füllen und acht bis zehn Tupfen oder kleine Rosetten auf ein mit Backtrennpapier belegtes Blech spritzen.

✳ Plätzchen auf der mittleren Schiene im vorgeheizten Backofen zart backen.

✳ Sahne in einer Kasserolle aufkochen und die fein gehackte Kuvertüre unter- bzw. glattrühren. Topf vom Herd ziehen, Rum unterrühren und abkühlen lassen.

✳ Je zwei Rosetten an der Unterseite mit der Füllung zusammensetzen und die Muscheln zur Hälfte in dunkle Kuvertüre tauchen.

Tipp
Als Füllung eignet sich auch Pflaumenmus.

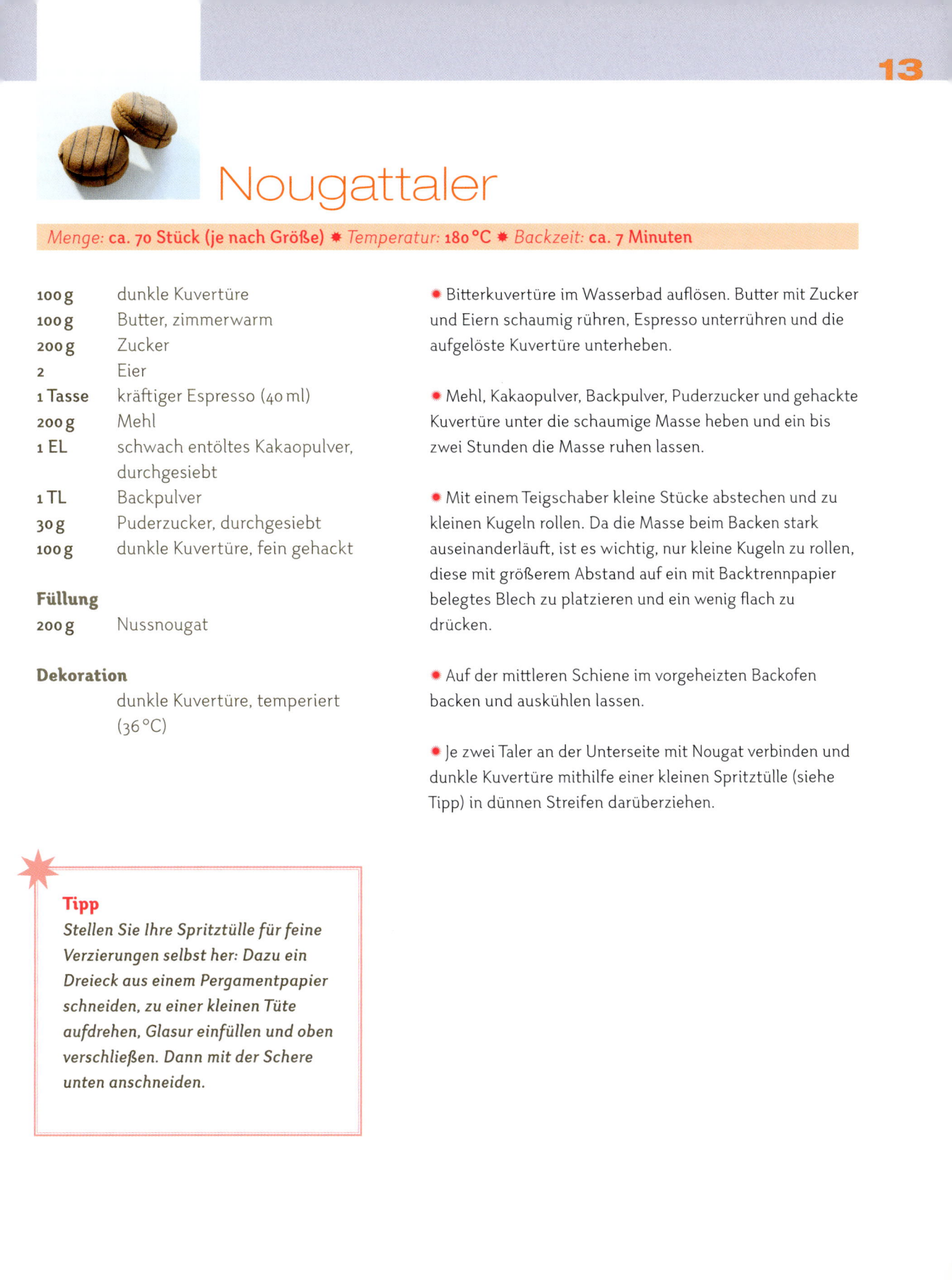

Nougattaler

Menge: **ca. 70 Stück (je nach Größe)** ✱ *Temperatur:* **180 °C** ✱ *Backzeit:* **ca. 7 Minuten**

100 g	dunkle Kuvertüre
100 g	Butter, zimmerwarm
200 g	Zucker
2	Eier
1 Tasse	kräftiger Espresso (40 ml)
200 g	Mehl
1 EL	schwach entöltes Kakaopulver, durchgesiebt
1 TL	Backpulver
30 g	Puderzucker, durchgesiebt
100 g	dunkle Kuvertüre, fein gehackt

Füllung

200 g	Nussnougat

Dekoration

	dunkle Kuvertüre, temperiert (36 °C)

✱ Bitterkuvertüre im Wasserbad auflösen. Butter mit Zucker und Eiern schaumig rühren, Espresso unterrühren und die aufgelöste Kuvertüre unterheben.

✱ Mehl, Kakaopulver, Backpulver, Puderzucker und gehackte Kuvertüre unter die schaumige Masse heben und ein bis zwei Stunden die Masse ruhen lassen.

✱ Mit einem Teigschaber kleine Stücke abstechen und zu kleinen Kugeln rollen. Da die Masse beim Backen stark auseinanderläuft, ist es wichtig, nur kleine Kugeln zu rollen, diese mit größerem Abstand auf ein mit Backtrennpapier belegtes Blech zu platzieren und ein wenig flach zu drücken.

✱ Auf der mittleren Schiene im vorgeheizten Backofen backen und auskühlen lassen.

✱ Je zwei Taler an der Unterseite mit Nougat verbinden und dunkle Kuvertüre mithilfe einer kleinen Spritztülle (siehe Tipp) in dünnen Streifen darüberziehen.

Tipp

Stellen Sie Ihre Spritztülle für feine Verzierungen selbst her: Dazu ein Dreieck aus einem Pergamentpapier schneiden, zu einer kleinen Tüte aufdrehen, Glasur einfüllen und oben verschließen. Dann mit der Schere unten anschneiden.

Pfeffernüsse

Menge: **40–60 Stück (je nach Ausstechergröße)** ✳ *Temperatur:* **180 °C** ✳ *Backzeit:* **7 Minuten**

2	Eier
250 g	Zucker
1 TL	Zimtpulver
30 g	Orangeat, gehackt
1 Msp	Backpulver
250 g	Mehl
½ TL	schwarzer Pfeffer, gemahlen
100 g	Anis, im Mörser leicht angequetscht
1	Ei, verquirlt

✳ Eier und Zucker schaumig rühren. Die anderen Zutaten darunter heben und kräftig durchkneten.

✳ Teig ca. 5 mm stark ausrollen mit möglichst kleinen Ausstechern (rund, gezackt oder länglich) ausstechen.

✳ Ein Backblech mit Backtrennpapier belegen und Anis darauf streuen. Ausgestochene Pfeffernüsse auf das Anisbett legen und mit dem verquirlten Ei bestreichen. Gebäck über Nacht stehen lassen.

✳ Am nächsten Tag im vorgeheizten Backofen auf mittlerer Schiene zart backen.

Tipps

Satt Pfeffer gemahlenen Piment verwenden.
Das Gebäck kann in einer verschlossenen Dose bis zu drei Wochen aufbewahrt werden. So bleibt es schön zart und aromatisch.

Schokoladenbohnen

Menge: **60–80 Stück (je nach Größe)** ✳ *Temperatur:* **180 °C** ✳ *Backzeit:* **10 Minuten**

150 g	dunkle Kuvertüre
120 g	Butter, zimmerwarm
200 g	Puderzucker, durchgesiebt
160 g	Mandeln, geschält und gehackt
100 g	Mehl

Füllung

400 ml	Sahne / Rahm
500 g	dunkle Kuvertüre, fein gehackt
	dunkle Kuvertüre, temperiert
	schwach entöltes Kakaopulver, durchgesiebt

✱ Kuvertüre im Wasserbad auflösen.

✱ Butter und Puderzucker schaumig rühren, die aufgelöste Kuvertüre zugeben. Mandeln und Mehl darunter heben und kühl stellen.

✱ Vom gekühlten Teig nur kleine Stückchen abnehmen, da die Masse beim Backen stark auseinanderläuft. Kugeln bzw. Bohnen daraus rollen und auf ein mit Backtrennpapier belegtes Blech legen und auf der mittleren Schiene des vorgeheizten Backofens backen.

✱ In einer Kasserolle Sahne aufkochen und die fein gehackte Kuvertüre unter- und glattrühren, dann abkühlen lassen.

✱ Je zwei abgekühlte Bohnen mit einer guten Menge der Füllungsmasse zusammensetzen und kühl stellen. Mithilfe einer Pralinengabel in die temperierte (36 °C) Kuvertüre tauchen, etwas abtropfen lassen und sofort im Kakaopulver rollen.

Eierlikörplätzchen

Menge: **ca. 40 Stück** ✳ *Temperatur:* **180 °C** ✳ *Backzeit:* **Kreise 7 Minuten, ausgestochene Kreise 3 ½ Minuten**

175 g	Butter
100 ml	Eierlikör
100 g	Zucker
50 ml	Rum (37,5 Vol.-%)
320 g	Mehl
50 g	Mandeln, geschält und gehackt

Dekoration

weiße Kuvertüre, temperiert (36 °C)

Füllung

200 g	Fondantglasur
¼ l	Eierlikör

✳ Aus den Zutaten einen Teig kneten und ca. eine Stunde kühl stellen.

✳ Den gekühlten Teig zwischen Klarsichtfolie oder Backtrennpapier ca. 3 mm dick ausrollen. Mit runden Ausstechern (Ø ca. 4 cm) ausstechen, die Hälfte der Teigkreise in der Mitte rund ausstechen. Kreise und ausgestochene Kreise (Ringe) getrennt auf zwei mit Backtrennpapier belegte Bleche setzen.

✳ Im vorgeheizten Backofen auf der mittleren Schiene wie angegeben backen.

✳ Nach dem Abkühlen die Ringe mit der Oberseite in die weiße Kuvertüre tauchen und mit der Unterseite auf die Kreise setzen.

✳ Fondant leicht anwärmen, Eierlikör zugeben und mithilfe eines Spritzbeutels mit kleiner Lochtülle (Nr. 3) in die Mitte der Plätzchen spritzen. Die Füllung verbindet zudem das Ober- mit dem Unterteil.

Tipp
Wenn Sie beides auf einem Back-blech backen, dann decken Sie die ausgestochenen Kreise (Ringe) nach der halben Backzeit mit Back-trennpapier ab, da sie sonst zu dunkel werden.

Erdnussplätzchen

Menge: **ca. 70 Stück** ✳ *Temperatur:* **180 °C** ✳ *Backzeit:* **ca. 12 Minuten**

100 g	gesalzene, geröstete Erdnüsse
220 g	Butter
50 ml	dunkles Sesamöl
100 g	Puderzucker, durchgesiebt
80 g	brauner Zucker
1	Ei
250 g	Mehl
1 TL	Backpulver
4 geh. TL	Erdnusspaste, ungesalzen und ohne Stückchen
1	Vanillestange, Mark

Dekoration

ca. 200 g	ungesalzene Erdnüsse
	Vollmilchkuvertüre, temperiert (36 °C)

✳ Die gesalzenen, gerösteten Erdnüsse fein hacken. Mit den anderen Zutaten zu einem Mürbeteig zusammenkneten und ca. eine Stunde kühl stellen.

✳ Den gekühlten Teig zwischen Klarsichtfolie oder Backtrennpapier ca. 1 cm dick ausrollen und rund (Ø ca. 3 cm) ausstechen.

✳ Teigkreise nebeneinander auf eine Arbeitsplatte legen. Mithilfe eines Pinsels deren Oberseite leicht mit Wasser benetzen. Ganze, ungesalzene Erdnüsse satt darüberstreuen und etwas andrücken.

✳ Die Plätzchen mit einem Abstand von ca. 4 cm auf ein mit Backtrennpapier belegtes Blech setzen und im vorgeheizten Backofen auf der mittleren Schiene goldgelb backen.

✳ Nach dem Abkühlen halb in temperierte Vollmilchkuvertüre tauchen.

Florentinerkipferl

Menge: **ca. 50 Stück** ✳ *Temperatur:* **180 °C** ✳ *Backzeit:* **12 Minuten**

175 g	Butter, zimmerwarm
2	Eigelbe
1	unbehandelte Bio-Zitrone, Abrieb
1	Vanillestange, Mark
100 g	Zucker
250 g	Mehl

Florentinermasse

35 g	Butter
60 g	Zucker
40 ml	Sahne / Rahm
25 g	Honig
100 g	Mandeln, gehobelt

Zum Bestreichen

1	Ei, verquirlt

Zum Überziehen

ca. 250 g	weiße Kuvertüre, temperiert (36 °C)

✳ Butter mit den restlichen Teigzutaten zu einem weichen Teig verarbeiten.

✳ Für die Florentiner Masse Butter, Zucker, Sahne und Honig in einer Kasserolle aufkochen. Mandeln darunterheben und ca. 20 Sekunden abrösten (unter Hitze weiterrühren, bis sich Masse vom Kasserollenboden löst).

✳ Florentinermasse ganz auskühlen lassen und unter den Butterteig kneten. Kleine Stücke abnehmen, zuerst zu einer Kugel, danach länglich – rechts und links dünner werdend – zu einem Kipferl formen.

✳ Gebäck auf das mit Backtrennpapier belegte Blech setzen. Mit dem Ei bestreichen und backen.

✳ Nach dem Abkühlen die Spitzen der Hörnchen in weiße temperierte Kuvertüre tauchen.

Hagebuttenrauten

Menge: **ca. 40 Stück** ✳ *Temperatur:* **180 °C** ✳ *Backzeit:* **7 Minuten**

175 g	Butter
2	Eigelbe
100 g	Zucker
250 g	Mehl
1	unbehandelte Bio-Zitrone, Abrieb
1	Vanillestange, Mark

Füllung

150 g	Hagebuttenkonfitüre

Dekoration

	Bitterkuvertüre
	kandierte Rosenblätter

✳ Den Teig wie einen Mürbteig zusammenarbeiten und ca. eine Stunde kühl stellen.

✳ Den gekühlten Teig zwischen Klarsichtfolie oder Backtrennpapier ca. 3 mm dick ausrollen. Rauten ausstechen (Kantenlänge ca. 2 cm) oder einen andere Ausstecherform nach Wahl verwenden.

✳ Teigrauten auf ein mit Backtrennpapier belegtes Blech setzen und im vorgeheizten Backofen auf der mittleren Schiene goldgelb backen.

✳ Nach dem Abkühlen die Hälfte der Rauten mit der Oberseite in Bitterkuvertüre tauchen und in die noch warme Oberfläche mittig ein Stück kandiertes Rosenblatt platzieren.

✳ Auf das Unterteil mithilfe eines Spritzbeutels einen Tupfen Hagebuttenkonfitüre spritzen und das mit Kuvertüre überzogene Oberteil auflegen.

Tipp

Die Hagebuttenrauten schmecken auch mit Vollmilchkuvertüre gut.

Heidelbeerblumen

Menge: **ca. 35 Stück** ❈ *Temperatur:* **180 °C** ❈ *Backzeit:* **7 Minuten**

175 g	Butter
3	Eigelbe
100 g	Zucker
270 g	Mehl
1 cl	Rum (37,5 Vol.-%)

Füllung

120 g	Heidelbeerkonfitüre

Dekoration

ca. 300 g	Fondantglasur
50 g	Heidelbeersaft
½	Eiweiß
ca. 50 g	Puderzucker, durchgesiebt
	kandierte Veilchenblüten

❋ Alle Zutaten zu einem Mürbteig zusammenkneten und ca. eine Stunde kühlstellen.

❋ Den gekühlten Teig zwischen Klarsichtfolie oder Backtrennpapier ca. 3 mm dick ausrollen und mit einem Blumenausstecher (Ø ca. 4 – 4 ½ cm) ausstechen.

❋ Teigblumen auf ein mit Backtrennpapier ausgelegtes Blech setzen und goldgelb backen.

❋ Plätzchen abkühlen lassen und mit der Heidelbeerkonfitüre zusammensetzen.

❋ Fondant mit Heidelbeersaft färben, anwärmen und die Oberseite der Plätzchen damit bestreichen. Eiweiß mit durchgesiebtem Puderzucker zu einer streichfähigern Masse glattrühren, in eine kleine Spritztülle (siehe Tipp) füllen und den oberen Rand der „Blumen" nachzeichnen, abschließend mit einer Veilchenblüte dekorieren.

Tipp

Stellen Sie Ihre Spritztülle für feine Verzierungen selbst her: Dazu ein Dreieck aus einem Pergamentpapier schneiden, zu einer kleinen Tüte aufdrehen, Glasur einfüllen und oben verschließen. Dann mit der Schere unten anschneiden.

Herzblättle Nürnberger Art

Menge: 40–50 Stück ✱ Temperatur: 180 °C ✱ Backzeit: 7 Minuten

175 g	Butter
3	Eigelbe
100 g	Zucker
260 g	Mehl
1	Vanillestange, Mark
1	unbehandelte Bio-Zitrone, Abrieb

Füllung

250 g	Rohmarzipan
50 ml	Kirschwasser

Dekoration

ca. 100 g	Rohmarzipan
	dunkle Kuvertüre, temperiert (36 °C)

✱ Aus den Mürbeteigzutaten einen glatten Teig kneten und ca. eine Stunde kühl stellen.

✱ Den gekühlten Teig zwischen Klarsichtfolie oder Backtrennpapier ca. 3 mm dick ausrollen. Rund ausstechen (Ø 3 cm) und auf ein mit Backtrennpapier belegtes Blech setzen.

✱ Plätzchen im vorgeheizten Backofen auf der mittleren Schiene und goldgelb backen.

✱ Rohmarzipan mit Kirschwasser vermengen und zwei abgekühlte Plätzchen damit zusammensetzen.

✱ Marzipan dünn ausrollen und kleine Herzchen ausstechen.

✱ Zusammengesetzte Plätzchen in temperierte Kuvertüre tauchen, sodass sie ganz mit Kuvertüre überzogen sind, abtropfen lassen, auf Backtrennpapier absetzen und sofort ein Marzipanherzchen oben mittig auflegen.

Kaffeehausplätzchen

7 geh. TL	Instantkaffee
50 ml	Rum (37,5 Vol.-%)
250 g	Butter
50 g	Zucker
3	Eigelbe
375 g	Mehl

Baisermasse

200 g	Puderzucker, durchgesiebt
1 TL	feiner Instantkaffee
3	Eiweiß
1	Vanillestange, Mark

Dekoration

100 g	Pinienkerne

✴ Instantkaffee in Rum auflösen und mit den restlichen Zutaten zu einem Teig verkneten, diesen eine Stunde kühl stellen.

✴ Den gekühlten Teig zwischen Klarsichtfolie oder Backtrennpapier ca. 3 mm dick ausrollen. Mit einem runden oder gezackten Ausstecher (Ø 3 cm) ausstechen. Auf ein mit Backtrennpapier belegtes Blech legen und ganz hell backen.

✴ Ein Drittel der Puderzuckermenge mit Instantkaffee vermischen. Eiweiß in einer fettfreien Schüssel zu steifem Schnee schlagen, dabei den puren Puderzucker nach und nach zugeben, zum Schluss den Kaffeezucker.

✴ Eischnee in einen Spritzbeutel mit großer Lochtülle (Nr. 12) füllen und Schnee kugelförmig auf die abgekühlten Mürbeteigunterteile spritzen, Pinienkerne darüber streuen und leicht mit durchgesiebtem Puderzucker bestäuben.

✴ In den vorgeheizten Backofen schieben und auf der oberen Schiene bei starker Oberhitze vorsichtig abflämmen, bis das Eiweiß eine zarte Farbe angenommen hat. Die Spitzen der Baisermasse dürfen nicht dunkel werden.

✴ **Tipp**
Statt mit Zucker kann der Teig auch mit Ahornsirup gesüßt werden.

Kirschtaschen

Menge: **ca. 45 Stück** ✳ *Temperatur:* **180 °C** ✳ *Backzeit:* **12 Minuten**

280 g	Butter
50 g	Puderzucker, durchgesiebt
3	Eigelbe
320 g	Mehl
1	Vanillestange, Mark
1	unbehandelte Bio-Zitrone, Abrieb

Füllung

45	Amarenakirschen (italienische Pralinenkirschen), abgetropft

Dekoration

1	Eigelb, verquirlt
50 g	Hagelzucker

✱ Zutaten für den Teig zusammenkneten und ca. 30 Minuten kalt stellen.

✱ Plätzchenteig zwischen Klarsichtfolie oder Backtrennpapier ca. 3 mm dick ausrollen und rund ausstechen (Ø ca. 5 cm, mit glattem oder gewelltem Rand).

✱ Die Hälfte der ausgestochenen Plätzchen auf ein Blech mit Backtrennpapier legen. Den Rand etwas mit Wasser benetzen. Jeweils eine gut abgetropfte Amarenakirsche in die Mitte setzen, das Oberteil darüberlegen und den Rand etwas andrücken.

✱ Die Plätzchenoberfläche mit Eigelb bestreichen und um den Rand Hagelzucker streuen.

✱ Kirschtaschen auf der mittleren Schiene in den vorgeheizten Backofen schieben und goldgelb backen.

Tipps

*Als Füllung ist auch Preiselbeer-
oder Heidelbeerkonfitüre sehr gut
geeignet.
Auf die Kirschtaschen vor dem
Backen mittig ½ geschälte Mandel
oben auflegen. So wird das Mandel-
aroma der Amarenakirschen nochmals aufgenommen.*

Liebesherzen

Menge: nach Größe der gewählten Formen unterschiedlich ✳ Temperatur: 180 °C ✳ Backzeit: 8 Minuten

125 g	Zucker
250 g	Butter
1	Ei
1	Eigelb
375 g	Mehl
2	Vanillestangen, Mark

Dekoration

Himbeer-Johannisbeer-
Konfitüre
Fondantglasur,
beliebig gefärbt (siehe Tipps)
kleine Liebesperlen

✳ Die Zutaten für den Teig zu einem Mürbeteig zusammen-kneten und ca. eine Stunde kühl stellen.

✳ Den gekühlten Teig zwischen Klarsichtfolie oder Back-trennpapier ca. 3 mm dick ausrollen. Nun nach Lust und Laune kleine oder größere Herzen ausstechen und im vorgeheizten Backofen auf der mittleren Schiene backen. Die Oberfläche darf nur leicht gebräunt sein, am besten während der Backzeit kontrollieren.

✳ Konfitüre aufkochen und mit einem Pinsel die Unterteile dünn bestreichen, Oberteile aufsetzen und ebenfalls mit der Konfitüre bestreichen. Fondantglasur ganz nach Idee weiß lassen oder rosa, rot, gelb oder lila usw. färben und darüberstreichen; durch die Konfitüre bleibt die Feuchtigkeit in der Fondantoberfläche erhalten. Mit einer kleinen Spritztülle (siehe Tipps) Muster und Verzierungen aufbringen und mit den Liebesperlen dekorieren.

✳ Ganz einfach – nach Gefühl arbeiten – dann wird es am schönsten.

Tipps

Die Fondantglasur kann mithilfe von Lebensmittelfarben (gelb sowie alle anderen Farben) oder im Falle von Lila (Heidelbeersaft) oder Rot und Rosa (Rote-Bete-Saft) mit natür-lichen Zutaten gefärbt werden. Stellen Sie Ihre Spritztülle für feine Verzierungen selbst her: Dazu ein Dreieck aus einem Pergamentpapier schneiden, zu einer kleinen Tüte aufdrehen, Glasur einfüllen und oben verschließen. Dann mit der Schere unten anschneiden. Kandierte Rosen- oder Veilchenblü-tenblätter sind ebenfalls eine schöne Dekoration für diese gebackenen Liebesbeweise.

Mandelschnitten

Menge: **ca. 75 Stück** ✳ *Temperatur:* **180 °C**
Backzeit zum Anbacken: **8 Minuten** ✳ *Backzeit mit Mandelbelag:* **goldgelb, ca. 4 Minuten**

250 g	Butter
5	Eigelbe
150 g	Zucker
400 g	Mehl
½	unbehandelte Bio-Zitrone, Abrieb
1 Prise	Salz
½	Vanillestange, Mark

Belag

100 g	Butter
120 g	Zucker
150 g	Honig
300 g	Mandeln, gestiftelt

✳ Alle Zutaten zu einem Mürbeteig verarbeiten und ca. eine Stunde kühl stellen.

✳ Gekühlten Teig ausrollen, sodass er genau in ein Backblech mit den Maßen 30 × 40 cm passt. Die Teigschicht ist relativ dick und ohne Rand (bei einem größeren Blech wird der Teig einfach etwas dünner, dann entsprechend die Vorbackzeit reduzieren).

✳ Den Teig im vorgeheizten Backofen auf der mittleren Schiene anbacken, danach wieder aus dem Ofen nehmen und abkühlen lassen.

✳ Butter, Zucker und Honig kurz aufkochen, Mandeln unterheben. Die Masse noch heiß auf den erkalteten Mürbeteig streichen.

✳ Im vorgeheizten Backofen auf der mittleren Schiene goldgelb zu Ende backen und die Farbe während der Backzeit kontrollieren (ggf. Backzeit verkürzen).

✳ Noch im lauwarmen Zustand in die gewünschte Größe schneiden (Rechtecke von ca. 5 × 3 cm).

Tipp
Das Rezept kann auch mit Erdnüssen, Sesamsamen oder Cashewkernen zubereitet werden.

Nusstaler

*Menge: **90 Stück** ✳ Temperatur: **180 °C** ✳ Backzeit: **13 Minuten***

200 g	Zucker
350 g	Butter
5	Eigelbe
530 g	Mehl
1	Vanillestange
220 g	Walnuss- / Baumnuss-Stückchen (Walnuss- / Baumnuss-Bruch)

Dekoration

1	Ei, verquirlt
90	Walnuss- / Baumnuss-Hälften

✳ Alle Zutaten für den Mürbeteig zusammenkneten, am Schluss die Walnüsse darunterkneten.

✳ Teig in vier Teile teilen, Stangen von ca. 25 cm Länge daraus rollen und drei bis vier Stunden kühlstellen.

✳ Aus den Stangen zentimeterdicke Scheiben schneiden. Auf ein mit Backtrennpapier ausgelegtes Backblech setzen, mit dem verquirlten Ei bestreichen und je eine halbe Walnuss auflegen.

✳ Taler im vorgeheizten Backofen auf mittlerer Schiene goldgelb backen.

Tipp

Statt der Walnüsse Cashewkerne verwenden. Für den Teig die Cashewkerne mit einem Wellholz zerkleinern, für die Dekoration Cashewhälften verwenden.

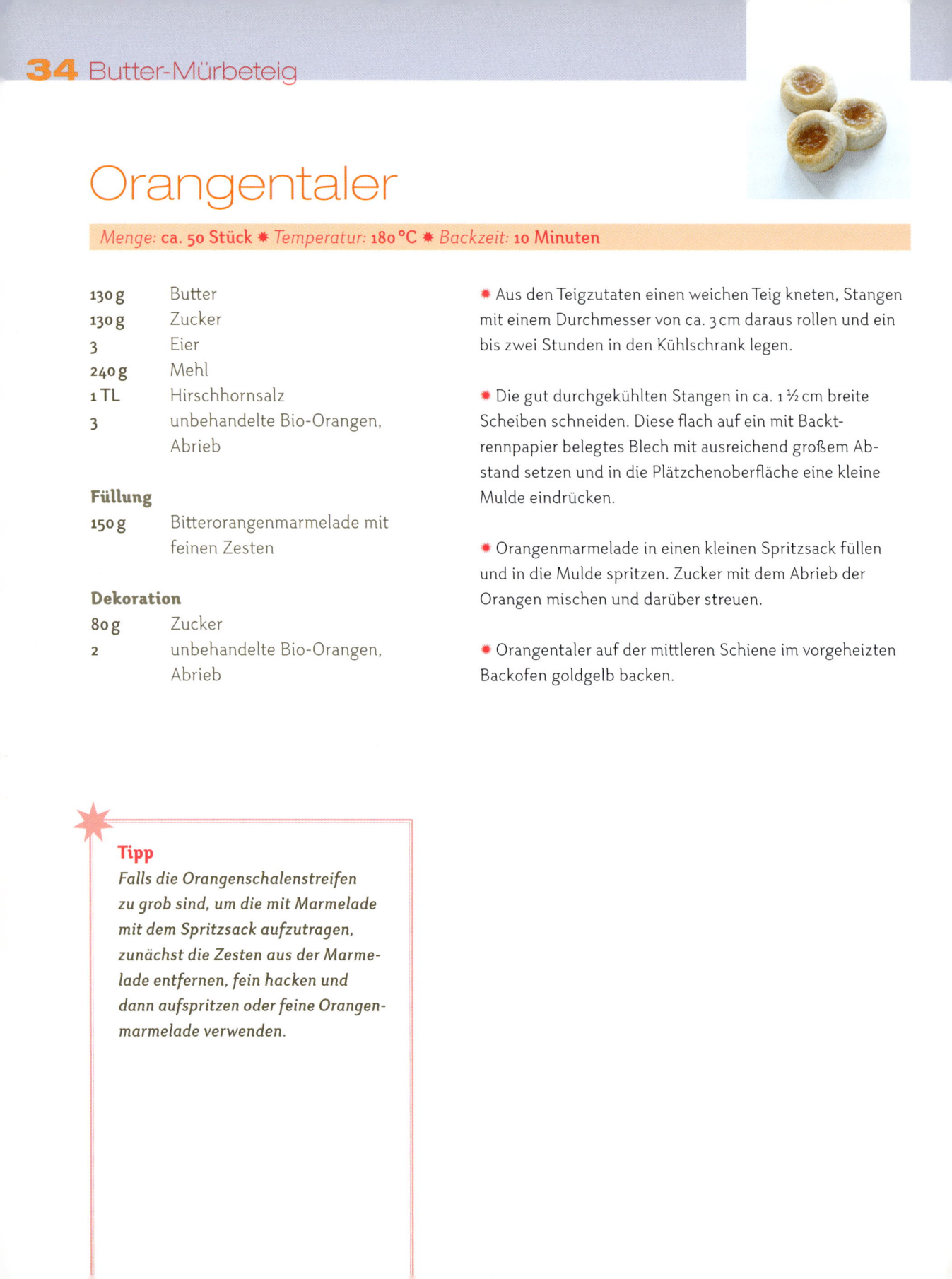

Orangentaler

Menge: **ca. 50 Stück** ✳ *Temperatur:* **180 °C** ✳ *Backzeit:* **10 Minuten**

130 g	Butter
130 g	Zucker
3	Eier
240 g	Mehl
1 TL	Hirschhornsalz
3	unbehandelte Bio-Orangen, Abrieb

Füllung

150 g	Bitterorangenmarmelade mit feinen Zesten

Dekoration

80 g	Zucker
2	unbehandelte Bio-Orangen, Abrieb

✳ Aus den Teigzutaten einen weichen Teig kneten, Stangen mit einem Durchmesser von ca. 3 cm daraus rollen und ein bis zwei Stunden in den Kühlschrank legen.

✳ Die gut durchgekühlten Stangen in ca. 1 ½ cm breite Scheiben schneiden. Diese flach auf ein mit Backtrennpapier belegtes Blech mit ausreichend großem Abstand setzen und in die Plätzchenoberfläche eine kleine Mulde eindrücken.

✳ Orangenmarmelade in einen kleinen Spritzsack füllen und in die Mulde spritzen. Zucker mit dem Abrieb der Orangen mischen und darüber streuen.

✳ Orangentaler auf der mittleren Schiene im vorgeheizten Backofen goldgelb backen.

Tipp

Falls die Orangenschalenstreifen zu grob sind, um die mit Marmelade mit dem Spritzsack aufzutragen, zunächst die Zesten aus der Marmelade entfernen, fein hacken und dann aufspritzen oder feine Orangenmarmelade verwenden.

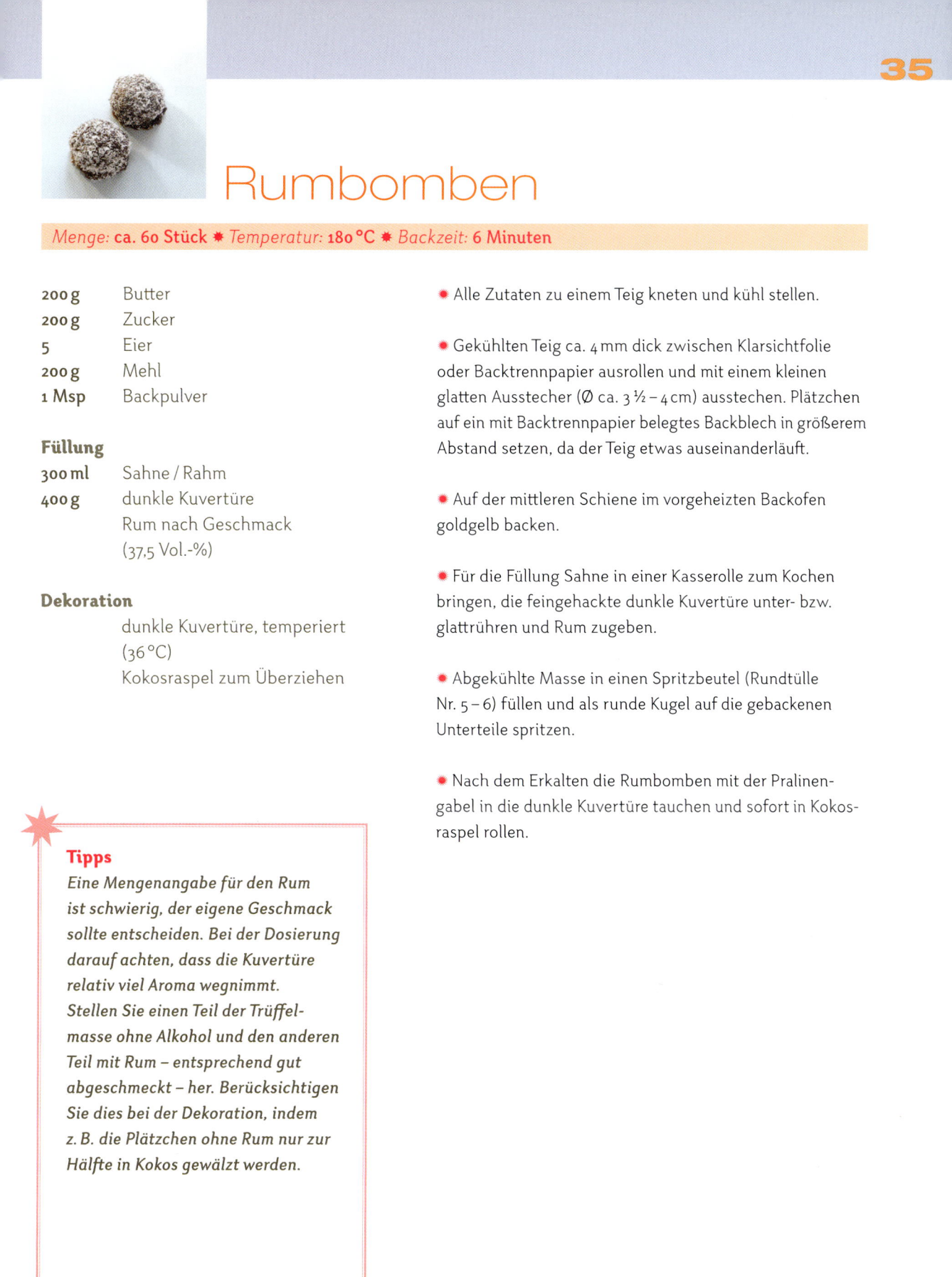

Rumbomben

200 g	Butter
200 g	Zucker
5	Eier
200 g	Mehl
1 Msp	Backpulver

Füllung

300 ml	Sahne / Rahm
400 g	dunkle Kuvertüre
	Rum nach Geschmack
	(37,5 Vol.-%)

Dekoration

dunkle Kuvertüre, temperiert
(36 °C)
Kokosraspel zum Überziehen

✱ Alle Zutaten zu einem Teig kneten und kühl stellen.

✱ Gekühlten Teig ca. 4 mm dick zwischen Klarsichtfolie oder Backtrennpapier ausrollen und mit einem kleinen glatten Ausstecher (Ø ca. 3 ½ – 4 cm) ausstechen. Plätzchen auf ein mit Backtrennpapier belegtes Backblech in größerem Abstand setzen, da der Teig etwas auseinanderläuft.

✱ Auf der mittleren Schiene im vorgeheizten Backofen goldgelb backen.

✱ Für die Füllung Sahne in einer Kasserolle zum Kochen bringen, die feingehackte dunkle Kuvertüre unter- bzw. glattrühren und Rum zugeben.

✱ Abgekühlte Masse in einen Spritzbeutel (Rundtülle Nr. 5 – 6) füllen und als runde Kugel auf die gebackenen Unterteile spritzen.

✱ Nach dem Erkalten die Rumbomben mit der Pralinengabel in die dunkle Kuvertüre tauchen und sofort in Kokosraspel rollen.

Tipps

Eine Mengenangabe für den Rum ist schwierig, der eigene Geschmack sollte entscheiden. Bei der Dosierung darauf achten, dass die Kuvertüre relativ viel Aroma wegnimmt. Stellen Sie einen Teil der Trüffelmasse ohne Alkohol und den anderen Teil mit Rum – entsprechend gut abgeschmeckt – her. Berücksichtigen Sie dies bei der Dekoration, indem z. B. die Plätzchen ohne Rum nur zur Hälfte in Kokos gewälzt werden.

Streuselplätzchen

Menge: **ca. 60 Stück** ✳ *Temperatur:* **180 °C**
Backzeit: **7 Minuten für die Unterteile, 12 Minuten für die Oberteile**

200 g	Butter
5	Eigelbe
100 g	Zucker
270 g	Mehl
1 TL	Zimtpulver

Streusel

100 g	Butter
100 g	Zucker
150 g	Mehl
1 Msp	Zimtpulver

Füllung

350 g	Nussnougat

✳ Aus Butter, Eigelben, Zucker, Mehl und Zimt einen Mürbeteig zubereiten und kalt stellen.

✳ In der Zwischenzeit die Streusel herstellen: Butter und Zucker glattrühren, dann Mehl und Zimt unterarbeiten. Mit etwas Mehl die Streuselmasse zwischen den Händen zerreiben oder durch ein Streuselsieb drücken.

✳ Den abgekühlten Teig auf ca. 3 mm Dicke zwischen Klarsichtfolie oder Backtrennpapier ausrollen und runde Plätzchen (Ø ca. 3 – 4 cm) ausstechen.

✳ Eine Hälfte der Ausstecher als Unterteile auf ein mit Backtrennpapier belegtes Blech setzen und im vorgeheizten Backofen auf der mittleren Schiene backen.

✳ Die andere Hälfte der Ausstecher als Oberteile auf eine Arbeitsplatte legen, mit Wasser benetzen und in die Streusel drücken.

✳ Streuseloberteile mit der Streuselseite nach oben auf ein zweites, mit Backtrennpapier ausgelegtes Blech setzen und im vorgeheizten Backofen auf der mittleren Schiene wie angegeben backen.

✳ Nach dem Auskühlen beide Teile an den Unterseiten mit Nougat zusammensetzen.

Zitronentaler

Menge: **ca. 35 Stück** ✹ *Temperatur:* **180 °C** ✹ *Backzeit:* **7 Minuten**

175 g	Butter
3	Eigelbe
100 g	Zucker
260 g	Mehl
1	Vanillestange, Mark
1	unbehandelte Bio-Zitrone, Saft und Abrieb

Füllung

300 g	Aprikosenkonfitüre
3	Zitronen, Saft

Dekoration

3	unbehandelte Bio-Zitronen, Abrieb
100 g	Zucker
ca. 300 g	Fondantglasur

✹ Die Zutaten für den Teig wie zu einem Mürbeteig zusammenkneten und ca. eine Stunde kühl stellen.

✹ Den gekühlten Teig zwischen Klarsichtfolie oder Backtrennpapier ca. 3 mm dick ausrollen und rund (Ø ca. 4 cm) ausstechen.

✹ Auf ein mit Backtrennpapier ausgelegtes Backblech setzen und im vorgeheizten Backofen auf der mittleren Schiene goldgelb backen.

✹ Aprikosenkonfitüre mit Zitronensaft glattrühren und zwei Teilchen damit zusammensetzen.

✹ Zitronenabrieb mit Zucker mischen. Fondant erwärmen (ca. 40 °C), bei Bedarf verdünnen und die Plätzchen damit bestreichen. Abschließend Zitronenzucker aufstreuen.

3

Cappuccinoherzen

Menge: **ca. 70 Stück** ✳ *Temperatur:* **190 °C** ✳ *Backzeit:* **ca. 7 Minuten**

Teig

150 g	Haselnüsse, gerieben
150 g	Rohmarzipan, fein geschnitten
150 g	Puderzucker, durchgesiebt
150 g	Zucker
10 g	feines Instantkaffeepulver
2 – 3	Eiweiß

Glasur

3	Eiweiß
	so viel Puderzucker, dass eine streichfähige Glasur entsteht schwach entöltes Kakaopulver, durchgesiebt

✳ Alle Teigzutaten zunächst nur mit zwei Eiweiß zusammenkneten. Dann bei Bedarf vorsichtig so viel Eiweiß zugeben bis ein fester Teig entsteht, der sich gut ausrollen lässt.

✳ Für die Glasur die Eiweiß mit so viel Puderzucker anrühren, bis eine glatte, streichfähige Eiweißglasur entsteht. ⅓ davon in einer separaten Schüssel mit etwas Kakaopulver braun färben.

✳ Den Teig zwischen Klarsichtfolie oder Backtrennpapier ca. 1 cm dick ausrollen. Zuerst die weiße Glasur aufstreichen. Dann die braune Eiweißglasur in ein Spritztütchen füllen und waagrechte Linien auf die weiße Glasur spritzen. Mit einem Holzstäbchen senkrechte Linien von oben nach unten ziehen, so entsteht ein schönes Muster.

✳ Kleine Herzen ausstechen (Ausstecherhöhe ca. 3 cm), Sterne eignen sich ebenfalls. Vor jedem neuen Ausstechen den Ausstecher in warmes Wasser tauchen. Die Herzen vorsichtig nach oben aus dem Ausstecher drücken, damit die Glasur nicht beschädigt wird. Teigreste mit etwas geriebenen Haselnüssen wieder verkneten und weiter ausrollen, bis der Teig aufgebraucht ist.

✳ Die ausgestochenen Herzen oder Sterne auf ein mit Backtrennpapier belegtes Blech legen.

✳ Auf der mittleren Schiene in den vorgeheizten Ofen schieben und zart backen. Der Gebäckboden bekommt dabei nur leicht Farbe, die Glasur bleibt weiß. Zur Sicherheit durch das Sichtfenster des Backofens die Backzeit kontrollieren.

Tipp

Schneller und einfacher ist es, auf den ausgerollten Teig die Glasur wie oben beschreiben aufzubringen, dann vom Teig Streifen von ca. 3 cm Breite zu schneiden und daraus Würfel abzuteilen.

Hinweis

Die Eiweißmenge für den Teig richtet sich nach dem Feuchtigkeitsgrad der Nüsse und des Rohmarzipans. Daher ist es schwer, hier exakte Mengenangaben zu definieren.

Gefüllte Elisenplätzchen

Menge: ca. 55 Stück ✳ *Temperatur:* **180 °C** ✳ *Backzeit:* **ca. 12 Minuten**

6	Eiweiß
300 g	Zucker
120 g	Rohmarzipan, fein geschnitten
100 g	Zitronat, fein gewürfelt
300 g	Haselnüsse, gerieben
90 g	Mehl
1 Msp	Hirschhornsalz
1 TL	Zimtpulver
2 TL	Lebkuchengewürz

Füllung

Quittenkonfitüre

Dekoration

ca. 27 | Mandeln, geschält und halbiert
Bitterkuvertüre

✳ Eiweiß und Zucker zu steifem Schnee schlagen.

✳ Restliche Zutaten in der Küchenmaschine vermischen und auf der niedrigsten Stufe den Eischnee glatt unterrühren.

✳ Lebkuchenmasse in einen Spritzbeutel (Lochtülle Nr. 12) füllen, rund und ganz flach auf ein mit Backtrennpapier belegtes Blech spritzen (Ø 2 ½ –3 cm). In die Mitte einen Tupfen Quittenkonfitüre geben, die restliche Masse darüber spritzen und zum Abschluss eine halbe Mandel auflegen. Elisenplätzchen auf dem Blech über Nacht in der Küche ruhen lassen.

✳ Am nächsten Tag im vorgeheizten Backofen auf der mittleren Schiene backen.

✳ Kuvertüre temperieren (36 °C) und die Unterseite der abgekühlten Plätzchen hineintauchen, sodass sich ein kleiner Rand bildet, und auf einem Backtrennpapier absetzen.

Tipps

Als Dekoration sind auch Mandelhälften möglich und als Füllung ist Apfelgelee oder eine andere Konfitüre ebenfalls eine gute Wahl.

Früchtebusserl

200 g	getrocknete Feigen
200 g	Dörrpflaumen
200 g	getrocknete Datteln
6	Eiweiß
320 g	Zucker
3	Zitronen, Saft
200 g	Haselnüsse, gerieben

✳ Dörrfrüchte nicht zu fein schneiden, die Stückchen dürfen im Gebäck noch zu spüren sein.

✳ Eiweiß und Zucker zu steifem Eischnee aufschlagen, Zitronensaft dazugeben. Trockenfrüchte und geriebene Haselnüsse vorsichtig unter das Eiweiß heben.

✳ Mit einem Teelöffel kleine Häufchen auf einem mit Backtrennpapier belegten Blech verteilen.

✳ Früchtebusserl in den vorgeheizten Backofen schieben und auf der mittleren Schiene mehr trocknen als backen. Sobald das Eiweißmasse Farbe bekommt, die Busserl aus dem Ofen nehmen.

Tipps

Statt der Dörrfrüchte eignen sich getrocknete Cranberries, Walnüsse oder kandierter Ingwer ebenfalls gut für dieses luftige Gebäck.
Noch einfacher gelingt das Unterheben von Zutaten unter Eischnee, wenn Sie ein Viertel des Eischnees zunächst mit diesen Zutaten verrühren und diese Masse dann vorsichtig unter das steife Eiweiß heben.

Haselnussplätzchen

Menge: ca. 65 Stück ✳ *Temperatur:* **180 °C** ✳ *Backzeit:* **ca. 10 Minuten**

120 g	Eiweiß (entspricht dem Eiklar aus ca. 4 Eiern)
240 g	Zucker, auf ca. 40 °C erwärmt
60 g	Rohmarzipan, fein geschnitten
60 g	Haselnüsse, gehobelt
60 g	Haselnüsse, gerieben
60 g	Mehl
50 g	Zitronat, gewürfelt
1 geh. TL	Zimtpulver
2 Msp	Hirschhornsalz
ca. 65	runde Backoblaten (Ø 3 cm)

Dekoration

65	ganze Haselnüsse, geschält

✳ In einer Kasserolle Eiweiß und Zucker auf dem Herd unter ständigem Rühren auf ca. 40 °C erhitzen. Die Masse darf nicht zu heiß sein, da sonst das Eiweiß gerinnt. Alle anderen Zutaten unter die Eiweißmasse geben und ca. eine Minute abrösten.

✳ Backoblaten auf einem mit Backtrennpapier belegten Blech platzieren.

✳ Masse kurz abkühlen lassen und noch warm in einen Spritzbeutel (große Lochtülle, ca. Nr. 12) füllen. Auf die Oblaten aufspritzen und ganze Haselnüsse in der Mitte auflegen. Das Blech in der Küche über Nacht ruhen lassen.

✳ Am kommenden Tag im vorgeheizten Backofen auf der mittleren Schiene zart backen.

Tipps

Durch die Ruhezeit bekommen die Haselnussmakronen einen schönen Glanz und behalten ihre Form. Werden auch Zimtstängel gebacken, einfach die Zutatenmenge für den Teig um die Hälfte erhöhen (Zimtstängel siehe Seite 52).

Marzipanplätzchen

Menge: **ca. 40 Stück** ✳ *Temperatur:* **180 °C** ✳ *Backzeit:* **ca. 8 Minuten**

3	Eiweiß
170 g	Zucker
40 g	Honig, im Wasserbad erwärmt
250 g	Rohmarzipan, klein geschnitten
80 g	Haselnüsse, gerieben
40 g	Mandeln, gehobelt
½ Msp	Backpulver
1	Vanillestange, Mark

Dekoration

ca. 20	Mandeln, geschält und halbiert

✳ Eiweiß und Zucker in einer Kasserolle im Wasserbad auf ca. 40 °C warm rühren (nicht schlagen). Den flüssigen Honig dazugeben und die Schüssel vom Wasserbad ziehen.

✳ Rohmarzipan in kleinen Stücken in die Eiweißmasse geben, dann die restlichen Zutaten. Mit dem Knethaken der Rührmaschine alles glatt rühren.

✳ Die Masse in einen Spritzbeutel (große Lochtülle Nr. 10) füllen und Kugeln auf ein mit Backtrennpapier belegtes Blech spritzen. Dabei ausreichend Abstand halten, die Plätzchen werden beim Backen knapp ein Drittel größer.

✳ Eine halbe Mandel auflegen und auf der mittleren Schiene im vorgeheizten Backofen zart golden backen.

Tipps

Am schönsten werden die Marzipanplätzchen, wenn sie erst am nächsten Tag gebacken werden und wie die Walnussmakronen über Nacht auf dem Blech in der Küche ruhen. Diese Kreation für Marzipanliebhaber bewahren Sie am besten in einer hübschen Blechdose auf, dann bleiben sie schön saftig.

Mohn-Pflaumen-Makronen

Menge: **ca. 40 Stück** ✱ *Temperatur:* **180 °C** ✱ *Backzeit:* **ca. 8 Minuten**

4	Eiweiß
230 g	Zucker
60 g	Honig
250 g	Rohmarzipan, klein geschnitten
100 g	Nüsse, gerieben
120 g	Mohn, gemahlen
½ Msp	Backpulver
½	Vanillestange, Mark

Füllung

ca. 250 g	Pflaumenmus

Verzierung

	dunkle Kuvertüre
⅓ – ½	Eiweiß
ca. 20 g	Puderzucker, durchgesiebt
	Dörrpflaumen, klein geschnitten

✱ Eiweiß, Zucker und Honig in einer Schüssel im Wasserbad warm rühren (auf ca. 40 °C), nicht schlagen. Alle anderen Zutaten dazugeben und glattrühren.

✱ Masse in einen Spritzbeutel füllen (Lochtülle 10) und auf ein mit Backpapier ausgelegtes Blech kleine Tupfen aufspritzen. Circa zwei Stunden stehen lassen und dann zart backen.

✱ Jeweils zwei abgekühlte Makronen mit Pflaumemus zusammensetzen, zur Hälfte in flüssige Kuvertüre tauchen und absetzen.

✱ Eiweiß mit Puderzucker zu einer streichfähigen Masse glattrühren, eine Tupfer davon auf die Makronen setzen und ein kleines Stückchen Dörrpflaume obenauf platzieren.

Tipps

Statt Pflaumenmus Marillenkonfitüre verwenden und die Dörrpflaumenverzierung durch getrocknete Aprikosenstückchen ersetzen. Wenn Sie noch andere Plätzchen backen, können Sie von der Eiweißglasur eine größere Menge herstellen: 1 Eiweiß wird dann mit ca. 50 g durchgesiebtem Puderzucker glattgerührt.

Preiselbeermakronen

Menge: **ca. 55 Stück** ✳ *Temperatur:* **180 °C** ✳ *Backzeit:* **10 Minuten**

200 g	getrocknete Cranberries
200 g	Rohmarzipan
5	Eiweiß
250 g	Haselnüsse, gerieben
300 g	Zucker

Füllung

ca. 250 g	Preiselbeerkonfitüre

✳ Getrocknete Cranberries fein hacken. Rohmarzipan mit Eiweiß verkneten, Haselnüsse und Zucker dazugeben und mit den Cranberries kräftig durcharbeiten.

✳ Masse in einen Spritzbeutel (Lochtülle ca. Nr. 8) füllen und runde Tupfen auf ein mit Backtrennpapier belegtes Blech spritzen.

✳ Im vorgeheizten Backofen auf der mittleren Schiene zart backen.

✳ Nach dem Auskühlen je zwei Teile mit Preiselbeerkonfitüre an der Unterseite zusammensetzen.

Tipp

Die Makronen noch zusätzlich nach dem Zusammensetzen in weiße, temperierte Kuvertüre (36 °C) halb tauchen, abtropfen lassen und auf Backtrennpapier absetzen.

Walnussmakronen

Menge: **70 Stück** ✳ *Temperatur:* **180 °C** ✳ *Backzeit:* **ca. 10 Minuten**

250 g	Walnuss- / Baumnusskerne
4	Eiweiß
320 g	Zucker
½ TL	Zimtpulver
70	runde Backoblaten (Ø 3 cm)

Dekoration

70	Walnüsse / Baumnüsse, halbiert

✳ Walnüsse auf dem Backblech im Ofen bei 180 °C ca. 6 Minuten rösten, nach dem Abkühlen nicht zu fein reiben.

✳ Backoblaten mit Abstand auf ein Backblech legen.

✳ In einer Kasserolle Eiweiß und Zucker auf dem Herd unter ständigem Rühren auf ca. 40 °C erhitzen. Walnüsse und Zimt dazugeben und eine Minute abrösten.

✳ Die Masse noch warm in einen Spritzbeutel (Lochtülle Nr. 12) füllen, auf die Backoblaten spritzen und eine halbe Walnuss auflegen. Das Blech über Nacht in der Küche stehen lassen.

✳ Makronen im vorgeheizten Backofen auf der mittleren Schiene zart backen.

Tipps

Durch das Rösten erhalten die Nüsse einen intensiven Geschmack. Wichtig ist: Erst rösten, abkühlen lassen und erst dann reiben. Wenn die Walnüsse noch zu warm sind, verklebt die Masse nach dem Reiben. Durch die Trockenzeit der Makronen vor dem Backen, bekommen sie einen schönen Glanz und behalten Ihre Form.

Walnusszungen

Menge: **ca. 40 Stück** ✳ *Temperatur:* **180 °C** ✳ *Backzeit:* **8 Minuten**

150 g	Walnuss- / Baumnusskerne
150 g	Haselnüsse
400 g	Zucker
4–5	Eiweiß

Füllung

Himbeerkonfitüre

Dekoration

ca. 20 | halbe Walnüsse / Baumnüsse

✳ Walnüsse und Haselnüsse fein reiben. 150 g Zucker dazugeben, gut vermischen und auf einem Backblech gleichmäßig verteilen. Im heißen Ofen bei 180 °C für 6 Minuten rösten.

✳ Zucker-Nuss-Gemisch etwas abkühlen lassen, in eine Schüssel geben und den restlichen Zucker dazugeben.

✳ Ein Eiweiß unterheben und gut verrühren. Nach und nach das restliche Eiweiß unterheben, jedes Mal gut verrühren. Die richtige Eiweißmenge ist dann erreicht, wenn die Masse noch relativ fest ist und gut mit dem Spritzbeutel aufgespritzt werden kann.

✳ Mit einem Spritzbeutel (Lochtülle Nr. 6) längliche Zungen auf ein mit Backtrennpapier belegtes Blech spritzen. Die Masse läuft ein wenig beim Backen, deshalb nur kleine Mengen aufspritzen. Walnusshälften halbieren, Nussviertel auf die Hälfte der Zungen legen.

✳ Auf der mittleren Schiene im vorgeheizten Backofen backen.

✳ Je ein Gebäckstück mit und eines ohne Walnuss nach dem Auskühlen mit Himbeerkonfitüre zusammensetzen.

✴ **Tipps**
Statt Haselnüssen fein geriebene Mandeln verwenden.
Die exakte Eiweißmenge ist schwer zu definieren, da sie davon abhängt, wie stark die Nüsse geröstet wurden und welche Feuchtigkeit sie vor dem Rösten hatten.

Zimtstängel

Menge: **70 Stück** ✳ *Temperatur:* **180 °C** ✳ *Backzeit:* **7 Minuten**

2	Eiweiß
120 g	Zucker, auf ca. 40 °C erwärmt
30 g	Rohmarzipan, fein geschnitten
30 g	Haselnüsse, gehobelt
30 g	Haselnüsse, gerieben
30 g	Mehl
25 g	Zitronat, gewürfelt
½ TL	Zimtpulver
1 Msp	Hirschhornsalz

Trüffelmasse

200 ml	Sahne / Rahm
400 g	dunkle Kuvertüre, fein gehackt
4 TL	Zimtpulver
	Rum (37,5 Vol.-%) nach Belieben

Garnitur

ca. 300 g	dunkle Kuvertüre
	Zimtzucker

Tipps

Die übrige Kuvertüre kann problemlos für anderes Gebäck oder Trüffel weiterverwendet werden. Oder einfach dünn auf einem Backtrennpapier ausstreichen, abkühlen lassen und naschen.

✳ Eiweiß und Zucker in einer Kasserolle auf ca. 40 °C warm schlagen. Die Masse darf nicht zu heiß werden, da sonst das Eiweiß gerinnt.

✳ Die restlichen Zutaten vermischen, in die Eiweißmasse geben und ca. eine Minute abrösten (unter Hitze gut durchrühren), bis sich die Masse vom Boden der Kasserolle löst.

✳ Masse nur kurz abkühlen lassen und noch warm in einen Spritzbeutel (Lochtülle Nr. 6) füllen. Dünne (ca. 1–1 ½ cm breit), ca. 4 cm lange Streifen auf ein mit Backtrennpapier ausgelegtes Blech spritzen und ca. ½ Stunde vor dem Backen ruhen lassen.

✳ Für die Trüffelmasse die Sahne aufkochen, die feingehackte Kuvertüre in die kochende Sahne ein- und glattrühren. Topf vom Herd ziehen, Zimt unterrühren sowie Rum zum Aromatisieren und abkühlen lassen.

✳ Abgekühlte Trüffelmasse in einen Spritzbeutel (Lochtülle Nr. 8) füllen. Die Masse auf die abgekühlten Streifen spritzen und 30 Minuten im Kühlschrank kalt stellen.

✳ Dunkle Kuvertüre im Wasserbad temperieren (36 °C) und die Zimtstängel mithilfe einer Pralinengabel in die Kuvertüre tauchen, sodass die aufgespritzte Trüffelmasse ganz mit Kuvertüre überzogen ist. Stängel auf Backtrennpapier setzen und sofort etwas Zimtzucker darüber streuen.

Zitronenhalbmonde

Menge: **ca. 60 Stück** ✳ *Temperatur:* **180 °C** ✳ *Backzeit:* **ca. 7 Minuten**

150 g	Haselnüsse, gerieben
150 g	Rohmarzipan, fein geschnitten
150 g	Puderzucker, durchgesiebt
150 g	Zucker
3	unbehandelte Bio-Zitronen, Saft und Abrieb
3–4	Eiweiß

Glasur

2	Eiweiß
2	Zitronen, Saft
	Puderzucker, durchgesiebt

✳ Alle Teigzutaten zunächst nur mit zwei Eiweiß zusammenkneten. Dann bei Bedarf vorsichtig so viel Eiweiß zugeben bis ein fester Teig entsteht, der sich gut ausrollen lässt.

✳ Den Teig zwischen Klarsichtfolie oder Backtrennpapier ca. 1 cm dick ausrollen.

✳ Für die Glasur die Eiweiß und Zitronensaft mit so viel Puderzucker anrühren, bis eine glatte, streichfähige Zitronenglasur entsteht. Glasur auf den ausgewellten Teig streichen und Monde ausstechen.

✳ Zitronenhalbmonde auf ein mit Backtrennpapier belegtes Blech setzen und im vorgeheizten Backofen auf der mittleren Schiene zart backen. Die Glasur darf keine Farbe beim Backen bekommen, am besten während der Backzeit kontrollieren.

Tipps

Noch einfacher ist es, aus dem glasierten Teig Rechtecke zu schneiden und diese auf das mit Backtrennpapier ausgelegte Blech zu setzen.

Übrige Teigreste mit Glasur können mit etwas geriebenen Haselnüssen nochmals ausgerollt und aufgebraucht werden.

 bittere Sahnetrüffel mit
Pfefferminze, Rezept nebenstehend

 Wasabikugeln, Rezept Seite 60

Bittere Sahnetrüffel mit Pfefferminze

175 ml	Sahne / Rahm
300 g	Bitterkuvertüre, fein gehackt
1 – 3 Trp.	echtes Pfefferminzöl

zum Überziehen

300 g	Bitterkuvertüre

Dekoration

je 1	kandiertes Pfefferminz-blattstückchen

☀ Sahne in einer Kasserolle aufkochen, fein geschnittene Kuvertüre unter- und glattrühren. Wenige Tropfen Pfefferminzöl (siehe Tipp) unterrühren und abschmecken – der Minzgeschmack sollte nur ganz zart sein. Trüffelmasse abkühlen lassen.

☀ Abgekühlte Masse in einen Spritzbeutel (kleine Lochtülle, Nr. 2–3) geben, die Trüffelhohlkugeln damit füllen und ca. zwei Stunden kühl stellen.

☀ Kuvertüre im Wasserbad temperieren (36 °C), die Öffnungen der Kugeln mithilfe eines kleinen Pinsels mit der Kuvertüre zustreichen.

☀ Kugeln mit einer Pralinengabel durch die Kuvertüre ziehen und auf ein Kuchengitter absetzen. Sobald die Kuvertüre beginnt, fest zu werden, mit der Pralinengabel die Kugel auf dem Kuchengitter einmal waagrecht und einmal senkrecht rollen, dann sofort auf Backtrennpapier setzen und ein kleines Stückchen kandiertes Pfefferminzblatt oben auf die Kugel legen.

Tipps

Echtes ätherisches Pfefferminzöl gibt es in der Apotheke oder in ausgesuchten Naturkostläden. Es hat einen intensiven Geschmack und sollte nur vorsichtig dosiert werden. Auch andere naturreine, ätherische Öle eignen sich zum Aromatisieren der Trüffelmasse wie z. B. Öle von Zitrusfrüchten (Blutorange, Orange, Mandarine, Zitrone, Bergamott). Diese Öle sind nicht zu verwechseln mit synthetischen Aromaölen, die nicht zum Verzehr geeignet sind. Eine raffinierte Oberfläche bekommen die Trüffeln, wenn Sie die Kugeln nach dem Kuvertürebad noch in 100 g Borkenschokolade** wälzen.

* Trüffelhohlkugeln sind z.B. in Konditoreien und Schokoladenfachgeschäften erhältlich.
** Borkenschokolade ist in Konditoreien und Schokoladenfachgeschäften erhältlich.

Grand-Marnier-Trüffel mit Rosenblättern

125 ml	Sahne / Rahm
325 g	Vollmilchkuvertüre
50 g	kandierte Rosenblätter, gestoßen
30 ml	Grand Marnier

zum Überziehen

300 g	Vollmilchkuvertüre

Dekoration

kandierte Rosenblätter

Tipp

Sie können die Trüffelmasse auch kräftiger aromatisieren und mehr Grand Marnier zur Kuvertüre geben.

● Sahne in einer Kasserolle aufkochen, vom Herd ziehen und die fein geschnittene Vollmilchkuvertüre in der heißen Sahne glattrühren. Grand Manier dazu geben und abkühlen lassen.

● Abgekühlte Masse in einen Spritzbeutel (kleine Loch-tülle, Nr. 2–3) geben und die Trüffelhohlkugeln halb damit füllen. Ein paar gestoßene Rosenblätter einstreuen, mit der restlichen Trüffelmasse auffüllen und ca. zwei Stunden kühl stellen.

● Vollmilchkuvertüre im Wasserbad auf 36 °C temperieren. Mithilfe eines kleinen Pinsels die Öffnungen der Trüffel-kugeln mit der Kuvertüre zustreichen.

● Kugeln mit einer Pralinengabel durch die Kuvertüre ziehen und auf ein Kuchengitter absetzen. Sobald die Kuvertüre beginnt, fest zu werden, mit der Pralinengabel die Kugel auf dem Kuchengitter einmal waagrecht und einmal senkrecht rollen, dann sofort auf Backtrenn-papier setzen und ein kleines Stück kandiertes Rosenblatt auflegen.

Honigtrüffel

1 Lage Trüffelhohlkugeln Vollmilch: **63 Stück**

125 ml	Sahne / Rahm
250 g	Vollmilchkuvertüre, fein geschnitten
150 g	Honig, im Wasserbad temperiert, bis er flüssig ist

zum Überziehen

ca. 300 g Vollmilchkuvertüre

Dekoration

Goldflimmer

* Sahne in einer Kasserolle aufkochen, vom Herd ziehen und die fein geschnittene Vollmilchkuvertüre in der heißen Sahne glattrühren. Flüssigen Honig unterrühren und die Masse abkühlen lassen.

* Abgekühlte Masse in einen Spritzbeutel (kleine Lochtülle, Nr. 2–3) geben, die Trüffelhohlkugeln damit füllen und ca. zwei Stunden kühl stellen.

* Vollmilchkuvertüre im Wasserbad auf 36 °C temperieren. Mithilfe eines kleinen Pinsels die Öffnungen der Trüffelkugeln mit der Kuvertüre zustreichen.

* Kugeln mit einer Pralinengabel durch die Kuvertüre ziehen und auf ein Kuchengitter absetzen. Sobald die Kuvertüre beginnt, fest zu werden, mit der Pralinengabel die Kugel auf dem Kuchengitter einmal waagrecht und einmal senkrecht rollen, dann sofort auf Backtrennpapier setzen und mit Goldflimmer bestreuen.

Tipps

Ganz nach Geschmack kann für dieses Rezept jede Art von Honig verwendet werden. Da der Honig hier die Hauptrolle spielt, darf es durchaus auch ein kräftigerer Waldhonig sein. Wer lieber etwas zartere Honigaromen bevorzugt, greift auf Akazien- oder Blütenhonig zurück. Gold- oder Silberflimmer wie auch verzehrfähiges Blattgold ist in manchen Konditoreien und bei speziellen Versendern erhältlich (Adressen beim Leserservice des Verlags).

Wasabikugeln

1 Lage weiße Trüffelhohlkugeln: **63 Stück**

125 ml	Sahne / Rahm
330 g	weiße Kuvertüre, feine geschnitten
ca. 10 g	Wasabipaste

zum Überziehen

weiße Kuvertüre

Dekoration

schwach entöltes Kakaopulver, durchgesiebt

* Sahne in einer Kasserolle aufkochen, vom Herd ziehen und die fein geschnittene weiße Kuvertüre in der heißen Sahne glattrühren. Mit Wasabipaste abschmecken, deren Schärfe zu spüren sein darf, und abkühlen lassen.

* Abgekühlte Masse in einen Spritzbeutel (kleine Lochtülle, Nr. 2–3) geben, die Trüffelhohlkugeln damit füllen und ca. zwei Stunden kühl stellen.

* Weiße Kuvertüre im Wasserbad temperieren (36 °C). Mithilfe eines kleinen Pinsels die Öffnungen der Trüffelkugeln mit der Kuvertüre zustreichen.

* Kugeln mit einer Pralinengabel in die Kuvertüre tauchen, etwas abtropfen lassen und auf Backtrennpapier setzen. Die Kugeln ganz zart mit Kakaopulver überstäuben (siehe Abbildung auf Seite 50).

Tipp

Wasabipaste ist in guten Lebensmittelgeschäften oder in Asialäden erhältlich. Sie hat ein sehr scharfes, dem Meerrettich ähnliches Aroma und sollte nur vorsichtig dosiert werden.

Weinbrandkugeln

1 Lage bittere Trüffelhohlkugeln: **63 Stück**

125 ml	Sahne / Rahm
300 g	dunkle Kuvertüre, fein geschnitten
50 ml	Weinbrand

zum Überziehen

300 g	Bitterkuvertüre
100 g	bittere Borkenschokolade

☀ Sahne in einer Kasserolle aufkochen, die fein geschnittene Kuvertüre unter- und glattrühren. Weinbrand unterrühren und die Masse abkühlen lassen.

☀ Abgekühlte Masse in einen Spritzbeutel (kleine Lochtülle, Nr. 2–3) geben, die Trüffelhohlkugeln damit füllen und ca. zwei Stunden kühl stellen.

☀ Bitterkuvertüre im Wasserbad auf 36 °C temperieren. Mithilfe eines kleinen Pinsels die Öffnungen der Trüffelkugeln mit der Kuvertüre zustreichen.

☀ Kugeln mit einer Pralinengabel durch die Kuvertüre ziehen, etwas abtropfen lassen und sofort durch Borkenschokolade rollen.

Tipp
Auch andere hochprozentige Getränke wie Whisky, Cognac, Brandy usw. eignen sich für diese Kreation.

American Cheesecake mit Erdbeersalat

Menge: **10 Portionen** ✱ *Temperatur zum Anbacken des Mürbeteigbodens:* **180 °C**
Backzeit zum Anbacken: **ca. 5 Minuten** ✱ *Temperatur:* **140°C** ✱ *Backzeit:* **ca. 40 Minuten**

Mürbeteig

60 g	Zucker
120 g	Butter
180 g	Mehl
1	Ei
1	unbehandelte Bio-Zitrone, Abrieb

Quarkfüllung

50 g	Zartbitter-Kuvertüre (72 % Kakaoanteil)
150 g	Zucker
250 g	saure Sahne (Sauerrahm)
600 g	Doppelrahmfrischkäse
3	Eier

Erdbeersalat

500 g	Erdbeeren
100 ml	weißer Vermouth (z. B. Martini Bianco)
10 g	frischer grüner Pfeffer
	unbehandelte Bio-Orangen frische Minzeblätter

✱ Mürbeteigzutaten verkneten und zwei Stunden kühlstellen.

✱ Eine Springform (Ø 26 cm) ausbuttern. Gekühlten Teig zwischen Klarsichtfolie oder Backtrennpapier ausrollen und den Boden der Form damit auslegen. Der Kuchen hat keinen Mürbteigrand.

✱ Im vorgeheizten Backofen auf der mittleren Schiene den Mürbeteigboden zart anbacken, der Teig bleibt hell.

✱ Kuvertüre im Wasserbad schmelzen. Restliche Zutaten der Quarkfüllung mit einem Handrührgerät verquirlen. Ca 100 g der Masse in eine kleine Schüssel geben und die warme Kuvertüre unterrühren. Restliche Käsemasse in die Springform füllen und die Schokoladenmasse spiralenförmig darüber verteilen. Mit einer kleinen Gabel die beiden Massen leicht vermischen.

✱ Den Käsekuchen im vorgeheizten Backofen auf der mittleren Schiene backen.

✱ In der Zwischenzeit den Erdbeersalat zubereiten: Die Erdbeeren waschen, entstielen und die Beeren in Scheiben schneiden. Mit klein gehacktem Pfeffer und Vermouth marinieren.

✱ Leicht abgekühlten Käsekuchen in Stücke schneiden, mit Erdbeersalat auf Tellern anrichten. Mit einem Zestenreißer Orangenschalenstreifen aus der Schale schneiden. Mit Minzeblättchen und Orangenstreifen garnieren.

Tipps

Einen Teelöffel Ahornsirup über den Käsekuchen geben.
Statt der Kuvertüre frische Johannisbeeren oder 150 g Nussnougatcreme zur Quarkmasse geben.
Der Käsekuchen kann auch kalt serviert werden; am besten schmeckt er jedoch frisch, noch lauwarm.

Früchte-Trifle mit Löffelbiskuits

Menge: **6–8 Portionen** ✳ Temperatur: **180 °C** ✳ Backzeit: **7 Minuten**

Löffelbiskuit

3	Eigelbe
20 g	Zucker
3	Eiweiß
40 g	Zucker
37 g	Mehl
37 g	feine Speisestärke
	Puderzucker zum Bestäuben

Trifle-Creme

30 g	Vanillepuddingpulver
500 ml	Milch
1	Eier
50 g	Zucker
200 ml	Sahne / Rahm
200 g	Joghurt
3	Gelatineblätter
200 ml	Fruchtsaft
	Früchte der Saison, küchenfertig

✳ Eigelbe mit 20 g Zucker schaumig rühren. Eiweiß mit 40 g Zucker zu steifem Schnee schlagen. Mehl und Stärkepuder miteinander durchsieben. Eigelbmasse, Eischnee, und Mehlmischung vorsichtig miteinander vermischen. Den Teig in einen Spritzbeutel (Lochtülle Nr. 8) füllen und auf ein mit Backtrennpapier belegtes Blech länglich aufspritzen. Löffelbiskuits mit Puderzucker bestäuben und im vorgeheizten Backofen auf der mittleren Schiene goldgelb backen.

✳ Puddingpulver mit wenig Milch anrühren und das Ei zugeben. Restliche Milch mit Zucker in einer Kasserolle aufkochen. Sobald die Milch kocht, die Puddingmischung unterrühren und eine Minute kräftig aufkochen, dann abkühlen lassen.

✳ Gelatine in kaltem Wasser einweichen. Fruchtsaft in einem Topf erwärmen und die ausgedrückte Gelatine darin auflösen.

✳ Sahne steif schlagen. Erkaltete Vanillecreme glattrühren, Joghurt und Schlagsahne unterheben.

✳ Aus den Früchte der Saison einen Obstsalat herstellen und das Obst dabei in nicht zu kleine Stücke schneiden.

✳ In große Gläser, Eisbecher aus Glas oder Portionsgläser schichtweise Löffelbiskuit, abgebundenen Fruchtsaft, Obst und Creme schichten. Je mehr Schichten, desto farbenfroher wird das Trifle. Einen kleinen Teil des Obstes zurückhalten als Dekoration für das Trifle Dekoration verwenden.

Tipps

Fruchtsaft auf die ausgewählten Früchte der Saison abstimmen und je nachdem weiße oder rote Blattgelatine verwenden.

Mit Likören wie z. B. Blue Curaçao, Kaffeelikör, Minzlikör oder Nusslikör können zusätzlich verschiedene Färbungen im Trifle erreicht werden.

Lebkuchenstrudel mit Zwetschgenröster

Menge: **10 Portionen** ✳ *Temperatur:* **190 °C** ✳ *Backzeit:* **45 Minuten**

Strudelteig

350 g	Mehl
25 ml	Öl
25 g	Butter
4 g	Salz
125 ml	Wasser

Lebkuchenmasse

9	Eiweiß
120 g	Zucker
6	Eiweiß
100 g	Zucker
120 g	Rohmarzipan
100 g	Orangeat, gewürfelt
300 g	Nüsse, gerieben
90 g	Mehl
1 TL	Zimtpulver
2 TL	Lebkuchengewürz
1 Msp	Hirschhornsalz
¼ l	Sahne / Rahm zum Bestreichen

Zwetschgenröster

200 g	Zucker
300 ml	Rotwein, leicht angewärmt
1 TL	Zimtpulver
500 g	Zwetschgen, entsteint

Tipp

Der Zwetschgenröster kann am Vortag zubereitet werden. Vor dem Servieren den Zwetschgenröster dann in einer feuerfesten Form noch kurze Zeit zum Strudel in den Backofen stellen.

✳ Für den Strudelteig alle Zutaten miteinander verkneten und den Teig für ca. zwei Stunden kühl stellen.

✳ In der Zwischenzeit die neun Eiweiß mit 120 g Zucker zu Eischnee steif schlagen. Die restlichen Zutaten der Lebkuchenmasse mit dem Knethaken in der Küchenmaschine zu einer glatten Masse arbeiten. Den Eischnee unter die Lebkuchenmasse heben.

✳ Gekühlten Strudelteig ca. 40 × 50 cm dünn ausrollen. Zwei Küchentücher oder zwei Bogen Backtrennpapier auf Stoß auf eine Arbeitsplatte legen, den Teig genau in die Mitte geben.

✳ Lebkuchenmasse auf dem Teig verteilen und glattstreichen. An der Stoßkanten der Küchentücher durchschneiden und mithilfe dieser die Strudel an der Längsseite von der Mitte her nach außen aufrollen.

✳ Beide Strudel auf ein gebuttertes Backblech geben und auf der mittleren Schiene in den vorgeheizten Backofen schieben. Nach ca. 20 Minuten Backzeit die Strudel mit Sahne bestreichen, nach weiteren 20 Minuten wiederholen.

✳ Für den Zwetschgenröster in einer Kasserolle den Zucker schmelzen, sobald er eine goldgelbe Farbe hat, den angewärmten Rotwein zugießen. Die Flüssigkeit drei Minuten aufkochen lassen, Zwetschgen und Zimt dazugeben und mindestens fünf Minuten köcheln lassen.

✳ Den noch warmen Strudel in schmale Stücke schneiden und auf Desserttellern mit dem noch lauwarmen Zwetschgenröster anrichten.

Pralinenschnitten mit Sabayon und Orangenfilets

Menge: **8 Portionen** ✳ *Temperatur:* **190 °C** ✳ *Backzeit:* **45 Minuten**

Pralinenschnitten

500 g	dunkle Kuvertüre (65 % Kakaoanteil)
500 g	Butter, zimmerwarm
500 g	Zucker
10	Eier
200 g	Mehl
200 ml	Milch
2 TL	Backpulver
1 kg	Bitterorangenmarmelade mit feinen Zesten

Ganache

150 ml	Sahne / Rahm
200 g	dunkle Kuvertüre (65 % Kakaoanteil), fein gehackt
2	unbehandelte Bio-Orangen, Abrieb

Überzug

	dunkle Kuvertüre (65 % Kakaoanteil)

Sabayon

¼ l	Süßwein (Marsala oder Dessertwein)
8	Eigelbe
200 g	Zucker
¼ l	Schlagsahne

Dekoration

	Orangenspalten, filetiert
	Blattgold (siehe Tipp Seite 58)

✳ Kuvertüre im Wasserbad schmelzen (siehe Tipps Seite 7).

✳ Butter und Zucker locker aufschlagen. Abwechselnd Eier, Mehl, Milch und Backpulver unter die Buttermasse heben.

✳ Den Teig auf ein gefettetes und bemehltes Backblech (30 × 40 cm) aufstreichen. Im vorgeheizten Ofen auf der mittleren Schiene backen und im Blech abkühlen lassen.

✳ Abgekühlten Boden aus dem Blech lösen und einmal halbieren. Orangenmarmelade kurz aufkochen und auf einer Hälfte verteilen und für ca. zwei Stunden kühlstellen.

✳ Sahne aufkochen, die gehackte Kuvertüre unter- bzw. glattrühren und den Topf vom Herd ziehen. Abrieb der Orangen unterrühren und kurz auskühlen lassen.

✳ Ganache auf der Orangenmarmelade verteilen, glattstreichen, den zweiten Pralinenschnittenboden auflegen und andrücken. Für drei Stunden kühl stellen.

✳ Gekühlte Schnitte in 3 × 5 cm große Stücke schneiden. Kuvertüre im Wasserbad schmelzen, auf 34 °C abkühlen lassen, ab und zu umrühren. Pralinenschnitten einzeln hineintauchen, abtropfen lassen und auf Backtrennpapier setzen. Danach mit Blattgold dekorieren.

✳ Für die Sabayon Süßwein mit Eigelben und Zucker im Wasserbad warm aufschlagen. Schüssel vom Wasserbadtopf nehmen und auf eine Schüssel setzen, die mit Eiswasser gefüllt ist. Masse mit dem Schneebesen weiterschlagen, bis sie erkaltet ist und einen schönen Stand aufweist. Zum Schluss die geschlagene Sahne unterziehen.

✳ Auf Teller zwei Pralinenschnitten mit Sabayon und Orangenfilets anrichten, sofort servieren.

Heidecker Rhabarberkuchen

Menge: **8–10 Portionen** ✳ *Temperatur:* **180 °C** ✳ *Backzeit:* **50 Minuten**

Füllung

200 g	Walnuss- / Baumnusskerne
700 g	Rhabarber, möglichst rotstielig
200 g	Zucker
3	Eier
100 g	Zucker

Mürbeteig

50 g	Zucker
100 g	Butter
150 g	Mehl
1	Ei

Vanillesauce

200 ml	Milch
200 ml	Sahne / Rahm
30 g	Zucker
1 TL	Vanillepuddingpulver
½	Vanillestange, Mark

✳ Walnüsse auf einem Blech im Backofen rösten, abkühlen lassen und reiben.

✳ Die Zutaten für den Mürbeteig gut durchkneten und ca. 30 Minuten kühl stellen.

✳ Rhabarber schälen, in kleine Stücke schneiden, Zucker darübergeben und ca. 30 Minuten im warmen Backofen bei 150 °C Saft ziehen lassen.

✳ In der Zwischenzeit den Mürbeteig rund ausrollen, auf ein mit Backtrennpapier belegtes Blech legen und einen Tortenring (Ø 28 cm) darauf stellen.

✳ Eier und Zucker im Wasserbad warm aufschlagen, anschließend mit der Küchenmaschine kalt rühren. Die geriebenen Walnüsse unterheben. Den Rhabarber kräftig ausdrücken und ebenfalls darunter heben. Die Masse in den Tortenring füllen, glatt streichen und im vorgeheizten Backofen auf der mittleren Schiene backen.

✳ Wenn der Kuchen ganz abgekühlt ist, den Tortenring abnehmen. Kuchen in schmale Stücke schneiden und auf Dessertteller geben.

✳ Für die Vanillesauce alle Zutaten in einem Topf bei geringer Hitze aufkochen bzw. abbinden lassen.

✳ Rhabarberkuchen mit der warmen Sauce garnieren und sofort servieren.

Tipp

Der Kuchen kann am Vortag zubereitet werden.

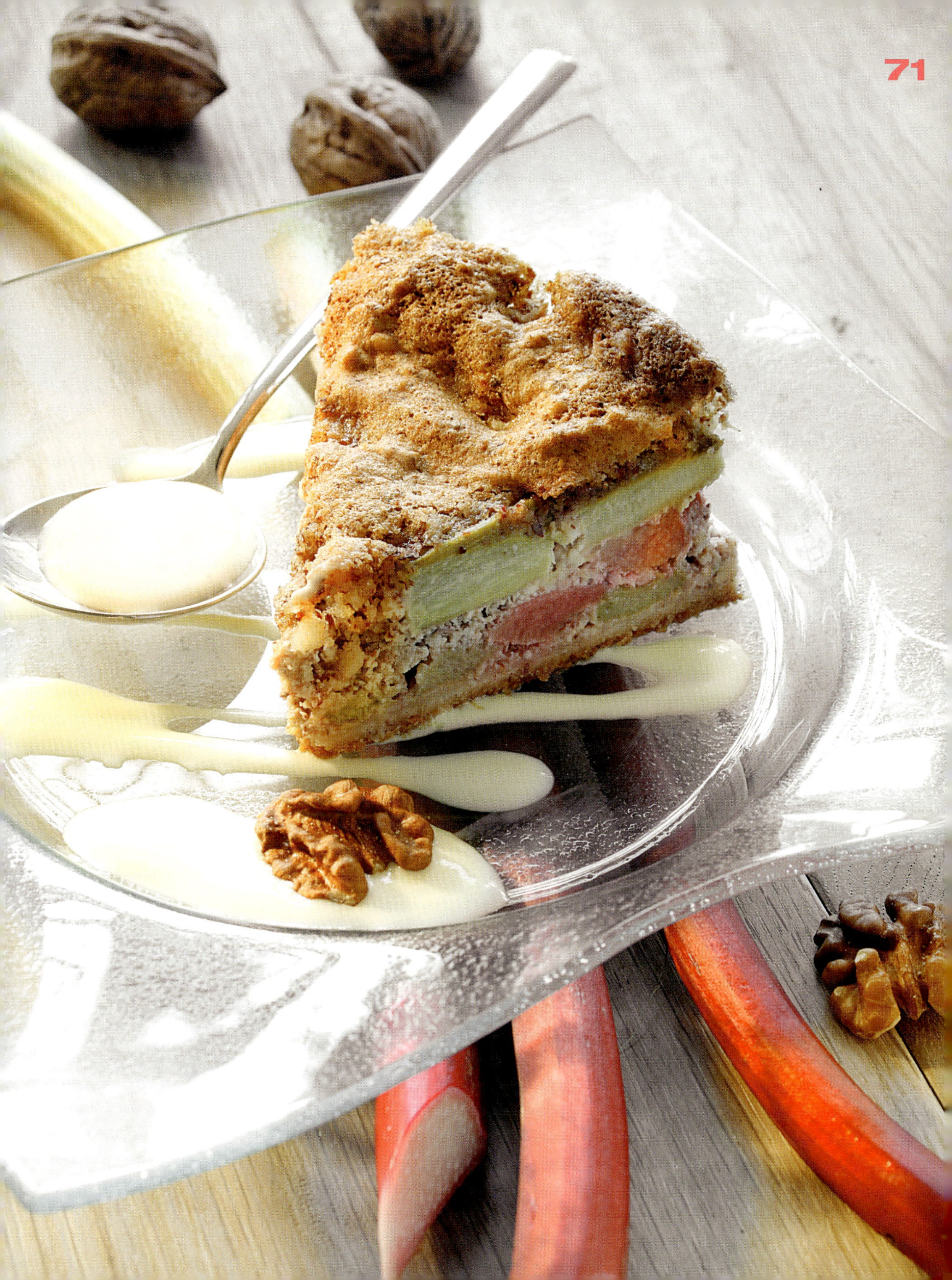

Flüssige Schokoladenküchlein mit Vanilleparfait und Beerenkompott

Menge: 6 Portionen ❋ **Temperatur: 150 °C** ❋ Backzeit: **ca. 15 Minuten**

Vanilleparfait

330 ml	Sahne / Rahm
1	Ei
2	Eigelbe
50 g	Zucker
½	Vanillestange, Mark

Beerenkompott

300 g	Himbeeren und Brombeeren, gemischt
80 g	Zimtzucker

Schokoladenküchlein

3	Eier
120 g	Zucker
95 g	dunkle Kuvertüre (mind. 65% Kakaoanteil)
90 g	Butter
40 g	Mehl

❋ Sahne steif schlagen. Ei mit Eigelben, Zucker und Vanillemark in einer Schüssel über dem Wasserbad warm schlagen, danach mit dem Handrührgerät kalt und schaumig rühren. Schlagsahne unter die Eiermasse ziehen.

❋ Parfaitmasse in eine Kaiserkuchenform oder in kleine Tassen füllen und mindestens vier bis sechs Stunden im Tiefkühlfach gefrieren lassen.

❋ Himbeeren und Brombeeren in einem Topf mit Zimtzucker bestreut ca. 5 Minuten zugedeckt köcheln lassen.

❋ Für die Schokoladenküchlein Eier und Zucker ca. zehn Minuten schaumig rühren. Kuvertüre und Butter im Wasserbad schmelzen und zum Eizucker geben. Weitere zehn Minuten schlagen, danach das Mehl unterheben.

❋ Teig in sechs gefettete und leicht mit Mehl ausgestäubte Muffinformen füllen und für mindestens zwei Stunden kühlstellen.

❋ Schokoladenküchlein im vorgeheizten Backofen auf der mittleren Schiene backen und noch heiß servieren. Küchlein vorsichtig aus den Formen lösen, da sie einen flüssigen Kern haben.

❋ Vanilleparfait mithilfe eines Messers, das in heißes Wasser getaucht wurde, aus der Form lösen oder die Tassen kurz in heißes Wasserbad tauchen und die Parfaits auf Dessertteller stürzen.

❋ Leicht abgekühlte Schokoladenküchlein vorsichtig aus den Förmchen lösen. Dazu die Küchlein in die Hand stürzen, neben dem Parfait anrichten und mit dem abgekühlten Kompott garnieren.

Tipps

Vanilleparfait und Beerenkompott können am Vortag zubereitet werden. Silikonformen sind für die Eisherstellung gut geeignet, da sich Gefrorenes aus ihnen einfach lösen lässt. Aber auch eine längliche Porzellanform ist dafür verwendbar. Außerhalb der Beerensaison lässt sich das Kompott auch mit TK-Früchten herstellen. Zur Beerensaison schmecken gemischte frische Beeren wie Brombeeren, Heidelbeeren, Himbeeren, rote und schwarze Johannisbeeren wunderbar dazu.

Weiße Schokoladen-Mohn-Mousse mit Aprikosengugelhupf

Menge: **8 Portionen** ❋ *Temperatur:* **140 °C** ❋ *Backzeit:* **ca. 40 Minuten**

Aprikosengugelhupf

200 g	Butter, zimmerwarm
160 g	Zucker
180 g	Mehl
60 g	feine Speisestärke
8 g	Backpulver
100 g	getrocknete Aprikosen
4	Eier
250 g	Fondantglasur

Aprikosenkompott

100 g	Aprikosenkonfitüre
100 g	getrocknete Aprikosen, fein geschnitten
100 g	frische Aprikosen, entsteint

Mousse

180 ml	Sahne / Rahm
300 g	weiße Kuvertüre, kleingehackt
450 g	Sahne / Rahm
10 g	Mohn, gemahlen

Tipp

Das Aprikosenkompott kann am Vortag zubereitet werden.

❋ Für den Aprikosengugelhupf Butter und Zucker schaumig rühren. Mehl, Stärkepuder und Backpulver miteinander vermischen und durchsieben. Trockenaprikosen klein hacken und mit dem Gemisch vermengen. Abwechselnd Mehlmischung und Eier unter die Buttermasse rühren. Ganz wichtig ist es, mit der Mehlmischung abzuschließen.

❋ Sandmasse in acht gefettete und mit Mehl ausgestäubte Minigugelhupfformen (Ø 7–8 cm) füllen, im vorgeheizten Backofen auf der mittleren Schiene backen.

❋ Für das Kompott Aprikosenkonfitüre aufkochen und die kleingeschnittenen Trockenaprikosen darin kurz aufkochen. Frische Aprikosen in Spalten schneiden und unter die heiße Masse rühren, den Topf dabei vom Herd ziehen.

❋ Für die Mousse Sahne aufkochen, Topf vom Herd ziehen und die weiße Kuvertüre ein- bzw. glattrühren. Flüssigkeit abkühlen lassen.

❋ Sahne steif schlagen und mit dem Mohn vorsichtig unter die abgekühlte Masse heben. Zwei bis drei Stunden im Kühlschrank kalt stellen.

❋ Gugelhupfe aus den Formen nehmen und auf Dessert-tellern mit der fast heißen Fondantglasur überziehen. Von der Mousse mithilfe von zwei Esslöffeln Nocken ab-stechen und neben dem Gugelhupf mit Aprikosenkompott anrichten.

Schokotartes mit Birnen-Eierlikör-Kompott

Menge: **7 Portionen** ☀ *Temperatur:* **Mürbeteigböden bei 180 °C, Tartes bei 150 °C**
Backzeit: **Mürbeteigböden ca. 8 Minuten, Tartes ca. 10 Minuten**

Birnen-Eierlikör-Kompott

100 g	Puderzucker, durchgesiebt
500 g	Birnenspalten, geschält
300 ml	Eierlikör

Mürbeteig

50 g	Zucker
90 g	Butter
150 g	Mehl
1	Eigelb
	Salz

Schokoladenmasse

2	Eier
1	Eigelb
30 g	Zucker
200 g	dunkle Kuvertüre (72 % Kakaoanteil)
125 g	Butter

❋ Puderzucker in einer Pfanne schmelzen lassen und die Birnenspalten im karamellisierten Zucker leicht anbraten. Sobald sich der Karamell wieder aufgelöst hat, Eierlikör zugießen und abkühlen lassen.

❋ Aus den Teigzutaten einen Mürbeteig kneten und ca. eine Stunde kühl stellen. Den gekühlten Teig zwischen Klarsichtfolie oder Backtrennpapier ca. 2 mm dick ausrollen. Sieben gefettete Torteletteformen (Ø 8–10 cm, glatter Rand) mit Mürbeteig auslegen und im vorgeheizten Backofen auf der mittleren Schiene goldgelb backen.

❋ Eier, Eigelb und Zucker schaumig schlagen. Kuvertüre mit der Butter im Wasserbad auflösen und unter die Eiermasse ziehen. Schokoladenmasse in die Torteletteformen füllen und im Ofen stocken lassen.

❋ Tartes nach dem Backen kurz auskühlen lassen, aus den Förmchen lösen und noch lauwarm auf einem Dessertteller mit dem Eierlikör-Birnen-Kompott servieren.

Tipps

Das Kompott kann am Vortag zubereitet werden.
Eine besondere Überraschung ist es, wenn die Tartes am Tisch flambiert werden: Einen ½ TL Rum (mit mindestens 60 Vol.-%) auf jede Tarte träufeln und sofort anzünden.
Zur Dekoration eignen sich kandierte Veilchenblüten.

Pfeffernüsse, Ingwerstängel, Mohnrosetten, Schokoladenbohnen und Nougattaler

Eierlikörplätzchen, Herzblättle Nürnberger Art, Liebesherzen und Heidelbeerblumen

Nusstaler, Streuselplätzchen, Florentinerkipferl, Mandelschnitten, Hagebuttenrauten und Rumbomben

Orangentaler, Zitronentaler, Kirschtaschen, Erdnuss- und Kaffeehausplätzchen

Sandmasse

✳ ✳ ✳ ✳ ✳ ✳ ✳ ✳ ✳ ✳ ✳ ✳ ✳ ✳ ✳ ✳ ✳ ✳ ✳

Butter-Mürbeteig

✳ ✳ ✳ ✳ ✳ ✳ ✳ ✳ ✳ ✳ ✳ ✳ ✳ ✳ ✳ ✳ ✳ ✳ ✳

Gebäck mit Eiweiß und Nüssen

Zimtstängel, Mohn-Pflaumen-Makronen und Cappuccinoherzen

Honigtrüffel, Wasabikugeln, bitterer Sahnetrüffel mit Pfefferminze und Grand-Marnier-Trüffel mit Rosenblättern

Heidecker Rhabarberkuchen

Bücher für Genießer

Konditorrezepte zum Selbermachen

Nur aus den besten Zutaten kann echter Genuss entstehen – so lautet das Credo des Konditormeisters Karl Neef. Und so bietet er nur das Beste, vom klassischen Hefezopf zur Schwarzwälder Kirschtorte, von der raffinierten Silvestertorte mit Champagner-Creme zum Florentiner Kirschkuchen. Rund ums Jahr wird ein abwechslungsreiches Sortiment von klassisch bis exotisch für Kaffeeklatsch und Familienfeste vorgestellt. Die Tipps des Profis sichern ein gutes Gelingen, die Schritt-für-Schritt-Fotos zeigen auch Backanfängern genau, wie's geht – vom Grundrezept bis zum fertigen Ergebnis.

Sonntagskuchen & Festtagstorten · *Konditorrezepte zum Selbermachen* · von Karl Neef
173 Seiten mit 76 Food- und 330 Schritt-für-Schritt-Fotos, Hardcover, ISBN 978-3-7750-0482-4.

Kochen wie die Profis

Parfaits, Cremes, süße Crepes, Sorbets & Schokoladenküchlein mit Früchten oder ohne, flambiert, gratiniert oder eisgekühlt – die besten Rezepte der World-Toques und Euro-Toques Europe-Profiköche für zu Hause mit echten Chefkochtipps zum sicheren Gelingen.

Desserts · 96 Seiten, jedes Rezept farbig abgebildet, Hardcover, ISBN 978-3-7750-0557-9.

Tartar von Räucherfischen, edle Salate mit exquisiten Zutaten, pikante kalte Kuchen, Parfaits von Gemüse, lockere Moussetörtchen und deftige Appetizer mit Fleisch – ausgesuchte Vorspeisen-Rezepte der kalten Küche von Profiköchen für zuhause.

Kalte Vorspeisen · 96 Seiten, jedes Rezept farbig abgebildet, Hardcover, ISBN 978-3-7750-0556-2.

Weitere Informationen über Bücher für Genießer erhalten Sie beim

Walter Hädecke Verlag · Postfach 1203 · 71256 Weil der Stadt
Fax +49(0)7033/1380813 · www.haedecke-verlag.de